Callwey

THOMAS DREXEL

Alte Häuser sanieren

8 PROJEKTE IN BILDERN, PLÄNEN UND TEXTEN

CALLWEY

Mein herzlicher Dank gilt allen Eigentümern und Architekten, deren Häuser in diesem Band in Wort oder Bild erwähnt oder ausführlich behandelt werden, und allen Landesdenkmalämtern, Landeskonservatoraten, Kantonalen Denkmalpflegebehörden sowie weiteren Stellen, die zahlreiche Informationen und persönliches Engagement eingebracht haben. Ohne diese aktive Mitarbeit und Unterstützung wäre das Zustandekommen des Buches nicht möglich gewesen. Ein wichtiges Verdienst kommt ferner Architekt Wilhelm Drexel zu, der die Grundrisse zeichnete und viele Hinweise beisteuerte. Schließlich sei noch all denjenigen gedankt, die hier vergessen wurden.

Abbildung auf Seite 2
So schön kann Sanierung sein: Ein um 1990 hergerichtetes Stadthaus.

Die Deutsche Bibliothek – CIP-Einheitsaufnahme
Alte Häuser sanieren: 8 Projekte in Bildern, Plänen und Texten /
Thomas Drexel. – München : Callwey, 1998
ISBN 3-7667-1302-7

Umschlaggestaltung HBC-Design, unter Verwendung der Abbildungen 71, 143, 149 und 192
Satz Edith Mocker, Eichenau
Litho eurocrom 4, Villorba (TV)
Druck und Bindung MZ-Verlagsdruckerei GmbH, Memmingen
Printed in Germany 1998
ISBN 3-7667-1302-7

INHALT

1 Innenansicht eines ehemaligen Lagerhauses von 1902 (saniert um 1990). ▷

COMOEDIA MUNDI
Augsburg/Elias-Holl Platz
So.10.10.-So.24.10.

VORWORT

Die Entscheidung für die Sanierung eines alten Hauses ist eine des persönlichen Geschmacks, aber auch zahlreicher technischer, finanzieller und nutzungsbezogener Aspekte. Dieses Buch will zunächst all denen eine Orientierungshilfe geben, die noch nicht entschieden haben, ob sie ein altes Haus herrichten sollen. Vor allem aber erhalten bereits zur Sanierung entschlossene Bauherren eingehende und praxisbezogene Informationen über alle bei der Altbausanierung relevanten Schritte. Selbstverständlich eignet sich dieser Band auch für Studenten der Architektur und verwandter Fächer, interessierte Handwerker und all diejenigen, die sich einen Einblick in das Thema verschaffen wollen. Zudem kommt hier sicherlich auf seine Kosten, wer sich für Architektur und Baugeschichte, kreative Einrichtungsideen und Gartengestaltung begeistern kann.

2 und 3 Was auf dem einen Bild wie ein verlorengegebenes Abrißhaus wirkt, erstrahlt nach der Sanierung in neuem Glanz: Dachuntersicht und Fassadenausschnitt eines Bauernhofs (s. Beispiel IV).

In erster Linie soll dieser Band ein Leitfaden für alle Phasen der Sanierung von der Auswahl des Objekts über die Planung und Finanzierung bis hin zur Bauausführung sein. Allerdings berücksichtigt er auch in praktischen Ratgebern oft zu kurz kommende Aspekte, so etwa bau- und kunstgeschichtliche Hintergründe, die gestalterischen Grundlagen der Altbausanierung und die Vorteile eines sanierten Hauses für die Lebensqualität.

Die verschiedenen Sanierungsabschnitte werden zunächst allgemein behandelt, um jeweils die zu beachtenden Aspekte, die Gestaltungsmöglichkeiten und die Arbeitsschritte überblicken zu können. Der daran anschließende Hauptteil des Buches widmet sich einigen vorbildlich durchgeführten Sanierungsprojekten aus dem deutschsprachigen Raum. Bei den ausgewählten Häusern handelt es sich um Anwesen, die sich in Bautyp, Bauform, Alter, Größe, historischer Nutzung und Sanierungsaufwand stark unterscheiden. Dadurch erhalten besonders viele Leser praktisch verwertbare Tips und Anregungen für das eigene Sanierungsvorhaben.

Im einzelnen werden folgende acht Objekte näher betrachtet:

- ein ehemaliges Doppelhaus von 1932
- eine Häusergruppe von 1501 mit modernen Anbauten
- ein mittelalterliches Wohn- und Handwerkerhaus
- ein ehemaliger Bauernhof von 1794
- ein Mietshaus aus der Zeit um 1900
- ein Wohnhaus von 1850
- ein in mehreren Jahrhunderten gewachsenes Wohngebäude
- ein Bauernhaus aus dem 17. Jahrhundert

Bei all diesen Beispielobjekten steht die Wohnnutzung im Vordergrund. In einigen Fällen sind zusätzlich Stallungen, Büros oder Restaurants untergebracht. Die einzelnen Arbeitsschritte werden bei jedem Anwesen in Bildern, Plänen und Texten detailliert beschrieben. Je nach den Besonderheiten der Häuser werden in der Darstellung des Sanierungsablaufs unterschiedliche Schwerpunkte gesetzt. Immer in etwa gleicher Weise ablaufende sowie nicht sanierungsspezifische Arbeiten sind geringer gewichtet.

Alte Häuser sind faszinierende und kostbare Zeugen unserer gesellschaftlichen, handwerklichen und künstlerischen Entwicklung. Zu ihrer Erhaltung und Wiederherstellung will dieser Ratgeber einen kleinen Beitrag leisten, indem er das dazu nötige Grundwissen weitergibt und Lust darauf macht, ein solches Sanierungsunternehmen auch selbst in Angriff zu nehmen.

EINFÜHRUNG

Alte Häuser sanieren – warum eigentlich?

Das alte Haus – ein veraltetes Haus? Zahlreiche Beispiele verschwundener oder veränderter Gebäude in unseren Städten und Dörfern könnten diesen Schluß auf den ersten Blick nahelegen. Doch bei näherem Hinschauen entdecken wir viele Beispiele, bei denen sich Bauherren und Planer mit Sensibilität und Engagement an die fachgerechte Sanierung eines Gebäudes gewagt und wundervolle Ergebnisse erzielt haben. Was aber bewegt Menschen eigentlich dazu, ein altes Haus und dessen bauliche Substanz wieder herzurichten, statt es abzureißen? Und weshalb ziehen sie es einem Neubau vor?

Der Schlüssel zur Beantwortung dieser Fragen liegt für viele Bauherren zunächst beim subjektiven Empfinden: Brauche ich ein altes Haus, das man manchmal sogar atmen hören kann, um mich wohlzufühlen? Faszinieren mich an einem Haus die Geschichten, die es erzählt, die Schrammen, die es vom Lauf der Zeit davongetragen hat? Oder schöne Details wie Fenster und Türen – die »Augen« des Hauses? Die bedacht gewählte Lage? Das Zusammenwirken mit einem alten Garten? Teils stößt man beim Spaziergang auf ein Anwesen, das spontan fasziniert, teils sucht man jahrelang nach einem Gebäude, das der langgehegten Vorstellung vom Traumhaus entspricht. Meist steht vor dem Erwerb eines alten Gebäudes die Neigung, mit alten Häusern zu leben und sich von ihnen faszinieren zu lassen. Damit sind die besten Voraussetzungen für eine sensible, den Hauscharakter bewahrende Sanierung gegeben. Aber auch in Fällen, in denen ein Gebäude – sei es ererbt oder gekauft – anfangs zum Abriß mit folgender Neubebauung oder zum modernisierenden Umbau vorgesehen ist, entwickelt sich bei den Eigentümern oft eine engere Beziehung zum Haus und zu dessen Erhaltung. Dies gilt insbesondere dann, wenn das Anwesen unter Denkmalschutz steht oder sich in einem ausgewiesenen Sanierungsgebiet befindet. Zwar werden die damit verbundenen Baubeschränkungen teils zunächst als Behinderung angesehen, doch wachsen im Verlauf der Sanierung, mit Hilfe eines beauftragten, erfahrenen Planers, in den Gesprächen mit den Vertretern der Denkmalschutzbehörden sowie anderer Stellen das Wissen, die Sensibilität und die Begeisterung für die gemeinsame Arbeit. Am Ende stehen eigentlich immer die Liebe zum Haus und der Stolz auf die gelungene Sanierung.

Die Entscheidung für die Sanierung des Alten kann Einschränkungen mit sich bringen, bedeutet aber keineswegs die Abkehr vom modernen Lebensstil. So lassen sich etwa in einem substantiell voll erhaltenen, sanierten Altbau besonders reizvolle Wechselwirkungen mit zeitgemäßer Einrichtung und modernem Design schaffen. Die Beispiele dieses Buches zeigen, daß alte Häuser und modernes Wohnen sogar sehr gut zu vereinbaren sind. Ferner heißt Sanierung *nicht* Verzicht auf zeitgemäße Lebensqualität und Nutzung. Viele alte Häuser können gehobene Ansprüche an eine vernünftige Raumaufteilung oft sogar besser erfüllen als neuere Gebäude, bei der Raumgröße bestehen zahlreiche Wahlmöglichkeiten zwischen verschiedensten Hausformen vom Bauernhaus bis zur Jugendstilvilla. Auch das Wohnen unter dem Dach gerade in Altbauten wird immer beliebter. Hier lassen sich unter weitestgehender Beibehaltung der vorhandenen Substanz sehr angenehme Wohn(t)räume schaffen. Zudem können, wie auch in diesem Buch vorgestellte Beispielobjekte zeigen, alte Häuser durchaus sehr gut mit neuen, architektonisch hochwertigen Anbauten ergänzt werden. Beide Möglichkeiten, den Wohnraum zu erweitern, behandelt dieses Buch anhand nachahmenswerter Beispiele.

Die bei alten Häusern gebotene Rücksichtnahme auf die vorhandene Bausubstanz steht auch einer zeitgemäßen technischen Ausstattung, z. B. betreffend Sanitär-, Heizungs- und Energieversorgungssysteme, nicht im Weg. Es geht hier

4 Das sanierte mittelalterliche Stadthaus sah noch vor kurzem ähnlich aus wie sein Nachbaranwesen. Das Engagement der Bauherren rettete das Gebäude vor dem Verfall oder Abriß.

vielmehr darum, bestangepaßte Techniken zu finden, die sowohl die bauliche Substanz weitestmöglich erhalten als auch die größtmögliche Wirksamkeit versprechen. Dies gilt nicht zuletzt für die Verwendung »gesunder« Baumaterialien, die in der Sanierung oft ihre »Renaissance« erleben.

Neben der »Liebe zum Haus« und Überlegungen betreffend Wohnkomfort und Ausstattung stehen natürlich finanzielle Aspekte. Ohne gründliche Kostenermittlung und Finanzierungsplanung, die auf eingehenden Bestandsuntersuchungen fußen sollten, wird niemand mit einem Sanierungsvorhaben beginnen. Es zeigt sich aber meist, daß eine Sanierung im Durchschnitt nicht teurer kommen muß als ein vergleichbarer Neubau, bei gut erhaltener Substanz oder unter Einbeziehung von Zuschuß- und Abschreibungsmöglichkeiten oft sogar günstiger. Finanzielle Fördermöglichkeiten sowie die aus der Sanierung erwachsenden Steuervorteile werden im Kapitel *Zuständigkeiten und finanzielle Förderung* näher erörtert.

Wirtschaftlich stellt sich die Altbausanierung insgesamt weiterhin als vernünftige Investition dar, die zudem im Vergleich zu Neubauten oder gar zu Straßenbaumaßnahmen deutlich positivere und nachhaltigere Effekte für Wirtschaft und Arbeitsplätze hat. Vielfach haben Vertreter der Handwerkskammern auf die ökonomische Bedeutung der Sanierung für die Betriebe hingewiesen. Hier wurde auch erkannt, daß bei der Sanierung eine Vielzahl alter handwerklicher Kenntnisse wieder erlernt, eingeübt und bei anderen Aufträgen wirtschaftlich nutzbar gemacht werden kann.

Alles in allem sprechen neben der persönlichen Beziehung zum Haus und dem Willen zur Bewahrung von Geschichtszeugnissen also auch pragmatische und finanzielle Gründe für die Erhaltung und Sanierung eines Gebäudes. Fälle, in denen ein Anwesen tatsächlich nicht mehr zu retten ist oder in denen die Erhaltung und Wiederherstellung unverhältnismäßig hohe Belastungen mit sich brächten, bilden in der täglichen Sanierungspraxis die Ausnahme. Abrisse und die Substanz zerstörende Umbaumaßnahmen sind oft das Ergebnis mangelnden Erhaltungswillens, der aus fehlendem Fachwissen, der Dominanz kurzfristiger finanzieller Ziele (Bauspekulation) und/oder einem geringen kulturellen Verantwortungsgefühl entsteht.

5–7 Ob mittelalterliches Fachwerkhaus in Franken, ehemalige Scheune aus dem 19. Jahrhundert in Niedersachsen oder Architektenvilla aus dem 20. Jahrhundert bei Hamburg: Diese vorbildlich sanierten Häuser sind in ihrem Charakter ganz unterschiedlich, werden von ihren Eigentümern aber allesamt mit großer Freude bewohnt.

8 Ausgebauter Dachbereich in einer Villa von 1888.

9 Altbausanierung und neue Anbauten: Diese gelungene Variante wird im Beispiel II ausführlich vorgestellt.

Sanierung und Denkmalpflege

Nicht erst heute machen sich Architekten und Kunstinteressierte Gedanken über den richtigen Umgang mit alter Bausubstanz. Bereits nach 1800 wurde die Tendenz zur unreflektierten Zerstörung von Altbauten zugunsten neuer, oft nur historisierender Bauten diskutiert. So sah sich der große Berliner Architekt Karl Friedrich Schinkel 1815 zu einer Denkschrift veranlaßt, welche die Schaffung von Bauämtern zur Bewahrung alter Denkmäler forderte. Falls keine einschneidenden Maßnahmen ergriffen würden, werde man »in kurzer Zeit unheimlich, nackt und kahl, wie eine neue Colonie in einem früher nicht bewohnten Land dastehen« (Memorandum zur Denkmalpflege, zit. nach Huse 1996, S. 70).

Fast ein Jahrhundert später forderte Hermann Muthesius, der Mitbegründer des Werkbunds, eine bewußte, bewahrende Denkmalpflege. Er wandte sich darin u. a. zum einen gegen die noch um 1900 anzutreffende Neigung, sanierungsbedürftige Altbauten durch neue Materialien und teils entstellende Hinzufügungen zu »verschönern«. Zum anderen lehnte er die zeitgenössische Praxis ab, Altbauten erst abzureißen, um sie dann – nur noch in ihrer Optik, nicht mehr in ihrem Gehalt historisch – neu aufzubauen. Das Ziel sollte es also sein, Historisches zu bewahren, statt zu historisieren (Die Wiederherstellung unserer alten Bauten, zit. nach Huse 1996, S. 120).

Die staatlichen Aktivitäten betreffend alte Bausubstanz konzentrierten sich im 19. Jahrhundert weitgehend auf Sakral- und Repräsentationsbauten. Einen Fortschritt für die Denkmalpflege brachte der ab 1871 einsetzende wirtschaftliche und bauliche Veränderungsdruck, der den Verlust alter Bausubstanz als Problem deutlich vor Augen führte. Nach dem Zweiten Weltkrieg, seit 1950, entstand für den erhaltenen Gebäudebestand durch die Geschwindigkeit der wirtschaftlichen Veränderungen eine nochmals grundlegend neue Situation. In den Städten waren Kriegszerstörungen, vor allem aber der falsch verstandene städtebauliche und architektonische »Modernisierungseifer« der 60er und 70er Jahre dafür verantwortlich, daß zahlreiche Gebäude verschwanden und durch oft geistlose Bauten ersetzt wurden, oder aber man verunstaltete die Gebäude und beraubte sie damit ihres historischen Charakters. Auf dem Land brachten der ab 1950 einsetzende ökonomische Aufschwung und das Bedürfnis nach einem als städtisch empfundenen Wohnstil das Verschwinden oder die Veränderung vieler alter Bauernhöfe mit sich.

Vor diesem Hintergrund wurde der Denkmalschutz 1964 in der Charta von Venedig und 1969 in der Resolution von Brüssel als wichtige Aufgabe der europäischen Nationen verankert. Ein stärkeres, bei immer mehr Menschen verbreitetes Nachdenken über die Grenzen des Machbaren und

10 Das von Karl Friedrich Schinkel geplante Schloß Charlottenhof in Potsdam. Der bedeutende Architekt schuf nicht nur eine eigenständige, klassizistische Formensprache, sondern war auch ein Vordenker der Altbausanierung und Denkmalpflege, die er als wichtige kulturelle Aufgaben begriff.

die Erhaltung der ökologischen, aber auch kulturellen Grundlagen der Existenz förderte auch die Erhaltung historischer Zeugnisse. In der Bundesrepublik existierte seit Anfang der 70er Jahre mit dem Städtebauförderungsprogramm ein neues Instrument zur Revitalisierung des »Lebensraums Stadt«. Zuschüsse für die Neugestaltung von Straßen, Plätzen und Gebäuden sowohl für die Gemeinden als auch für Privatleute erwiesen sich als wirksame Investitionsanreize. 1975 wurde die Europäische Denkmalschutz-Charta verabschiedet, die den Denkmalschutzbegriff erweiterte und dessen Aufgaben neu definierte. Die Erhaltung der Altbauten galt nun als wichtige politische Aufgabe, wobei es nun nicht mehr um einzelne Gebäude, sondern – wie etwa auch in der Städtebauförderung – um die Bewahrung ganzer historisch gewachsener Bereiche ging. Zugleich wurden auch hier – nicht zuletzt angesichts aussterbender Innenstädte – die soziale und wirtschaftliche Bedeutung der Stadtsanierung, aber auch die Notwendigkeit neuer finanzieller und administrativer Instrumente betont.

Der Erfolg gut betriebener Altstadtsanierung zeigt sich in vielen Städten an zahlreichen erhaltenen und wiederhergestellten Gebäuden, wieder lebenswerten Innenstädten und neuer wirtschaftlicher Prosperität. Allerdings geraten Denkmalschützer und Sanierer seit einigen Jahren etwas in die Defensive, da häufig das Bewußtsein von Sinn und Vorteilen des Altbauerhalts fehlt. Ergebnis dieser Situation und der oben erwähnten Fehleinschätzung von Nutzen und Kosten der Sanierung ist die in einigen Regionen besorgniserregende Ausmaße annehmende Tendenz zum Abriß von – meist sanierungsfähigen – Altbauten. Mancherorts hat dies schon zu einer Situation geführt, die der von Schinkel 1815 beschriebenen ähnelt: eine alte Kirche als einziges historisches »Relikt«, umgeben von ästhetisch unzulänglichen Neubauten oder bis zur Unkenntlichkeit veränderten Altbauten. Unbedachten Abrissen stehen auf der anderen Seite populäre Großprojekte wie der Aufbau zerstörter Repräsentationsbauten gegenüber. Angesichts des in Einzelfällen anzutreffenden Historisierungseifers bei gleichzeitiger Vernachlässigung der eigentlichen historischen Substanz hätten Schinkel und Muthesius sicherlich wieder genügend Anlaß zum Widerspruch.

Die Denkmalpflege im engeren Sinn, die ihre Ursprünge letztlich in den Fachdiskussionen des 19. Jahrhunderts hatte, institutionalisierte sich im 20. Jahrhundert zunehmend. Die dafür seit 1908 geschaffenen Fachbehörden engagierten sich anfangs insbesondere in der genauen kunsthistorischen Erfassung und Inventarisierung von historischen Denkmälern. Als solche galten diejenigen Gebäude, die man als Kulturgüter von allgemeiner Bedeutung und hohem kunstgeschichtlichen Wert einstufte. Seitdem – und insbesondere in den letzten Jahrzehnten – hat sich das

11 Neue Nutzung in altem Kleid: Eine ehemalige Werkstatt wurde zum Restaurant und Kino. So bringt Altstadtsanierung wieder Leben in die Stadt.

12 Die Schüle'sche Kattunmanufaktur in Augsburg: Beispiel eines Industriedenkmals von europäischem Rang (heute leider teilweise abgerissen).

Hauptaugenmerk der für die Denkmalpflege zuständigen Ämter von kirchlichen und herrschaftlichen Bauten hin zu Bürger- und Bauernhäusern sowie baulichen Zeugnissen der Alltagskultur (z. B. Backhäuser, Mühlen, Werkstätten, Fabriken) erweitert. Ferner versucht man heute – bei aller unterschiedlichen Schwerpunktsetzung der verschiedenen Staaten und Regionen –, eine stärker städtebaulich und ganzheitlich orientierte Denkmalpflege zu betreiben. Das heißt etwa auch, daß das Wissen von Nachbardisziplinen (etwa Geographie und Geschichte) einbezogen und zur Erarbeitung neuer Instrumente und Methoden herangezogen wird. Ein Beispiel hierfür ist der in Bayern im Rahmen der Dorferneuerungsplanung eingesetzte Denkmalpflegerische Erhebungsbogen, der die Entwicklung des örtlichen Siedlungs- und Denkmalbestands vor dem geographischen und historischen Hintergrund untersucht. Die Zielsetzung des Landesamts für Denkmalpflege besteht hier vor allem darin, die Wertigkeit aller in einer Gemeinde vorhandenen historischen Zeugnisse zu vermitteln und eine zuverlässige Arbeitsgrundlage für Planer und Gemeinde bereitzustellen.

Insgesamt muß dem gelegentlich zu hörenden Vorurteil entgegengetreten werden, Denkmalämter würden Bauherren behindern. Vielmehr verstehen sich die Vertreter dieser Behörden bei der Altbausanierung als Partner, die sich zusammen mit Bauherr und Planer mit fachlichem Rat und auch finanzieller Hilfe für den Erhalt von kulturellen Werten und für ein optimales Sanierungsergebnis einsetzen. Auch wenn in einigen Punkten unterschiedliche Vorstellungen bestehen, lassen sich in der gemeinsamen Diskussion meist Lösungen finden, mit denen beide Seiten zufrieden sein können.

13 und 14 Dieses Anwesen wurde in Zusammenarbeit mit dem brandenburgischen Landesdenkmalamt mit großer Sensibilität saniert. Das Engagement der Familie Niedlich hat sich, wie man erkennen kann, gelohnt.

Zuständigkeiten und finanzielle Förderung

Für die Erhaltung und Wiederherstellung von Altbauten existieren in Deutschland, der Schweiz und Österreich unterschiedliche Zuständigkeiten, Gesetze und Fördermöglichkeiten.

In *Deutschland* liegt die Zuständigkeit für den Denkmalschutz und die Bewahrung alter Bausubstanz zunächst beim Bundesbauministerium, das Bundesbaugesetz und das Bundesdenkmalschutzgesetz enthalten eine Reihe von Bestimmungen zu Altbauten und Sanierung. Die Länder besitzen allerdings ihrerseits eine weitgehende Regelungsbefugnis in den Bereichen Bauordnung und Denkmalpflege, die meist unterschiedlichen Ministerien zugewiesen sind (in der Regel Kultus- und Innenministerium). Die Bundesländer haben zum größten Teil eigene Denkmalschutzgesetze verabschiedet. Landesdenkmalämter sind mit der praktischen Umsetzung der Denkmalpflege betraut.

Die Genehmigungshoheit für bauliche Veränderungen an Altbauten sowie das Bewilligungsrecht für Städtebauförderungs- und andere Zuschüsse liegen meist bei den untergeordneten Denkmalschutzbehörden in den Städten und Gemeinden bzw. sind auf Ebene der Landkreise bzw. regionalen Gebietskörperschaften angesiedelt. Dort werden auch die entsprechenden Antragsformulare ausgegeben. Die Zuschußanträge müssen in jedem Fall – wie bei allen Fördermöglichkeiten – vor Beginn der Maßnahme eingereicht und bewilligt sein. Im Fall des Städtebauförderungsprogramms ist die Vergabe von Landes- und Bundeszuschüssen, die 60 % der Fördersumme ausmachen, meist an die vorherige Zuschußgenehmigung der Kommune, des Landkreises oder anderer regionaler Behörden wie Regierungen (40% der Fördersumme) gebunden. Voraussetzung für den Erhalt dieser Mittel für den privaten Bauherrn ist, daß sich sein zur Sanierung vorgesehenes Haus in einem ausgewiesenen Sanierungsgebiet befindet. Die zuständigen Bauverwaltungen erteilen hierüber Auskunft. Geprüft wird dann auch, ob das Vorhaben den städtebaulichen Zielsetzungen entspricht, ob es zu einer echten Substanzverbesserung führt und ob ein ausreichender Eigenleistungsanteil vorliegt.

Die *Anträge auf Baugenehmigung* und auf Bewilligung von *Städtebauförderungszuschüssen* sind getrennte Verfahren mit unterschiedlichen Anforderungen. Während für den Bauantrag nur die üblichen Genehmigungsunterlagen eingereicht werden müssen, ist bei der Beantragung von Städtebauförderungszuschüssen ein bestimmtes Vorgehen notwendig. Es empfiehlt sich dabei, möglichst frühzeitig einen gemeinsamen Ortstermin mit Bauverwaltung, beauftragtem Projektplaner, ggf. vorhandenem Sanierungsträger, Denkmalpflege (Untere Denkmalschutzbehörde, Landesämter, Heimatpfleger) und Regierung bzw. übergeordneten Baubehörden zu vereinbaren, um alle relevanten Fragen ab-

15 Dieses Mietshaus ist Teil des ausgewiesenen Sanierungsgebiets Berlin-Köpenick. Die Koordination der Sanierungsgesamtplanung und die Kontrolle der baulichen Maßnahmen obliegt hier einem privaten Büro (Büro West).

16 **Die Restaurierung historischer Ausstattungsdetails wird bei denkmalgeschützten Bauten in der Regel großzügig bezuschußt.**

zuklären. Dazu gehören bestehende Planungsvorgaben (städtebauliche Rahmenpläne, Maßnahmenpläne, Bebauungspläne, Gestaltungssatzungen etc.), bau- und genehmigungsrechtliche Fragen, soziale Belange (z. B. bei Mietwohnungen) und nicht zuletzt die vorhandenen finanziellen Fördermöglichkeiten. Bei denkmalgeschützten Gebäuden wird oft zu diesem Zeitpunkt geklärt, welche Voruntersuchungen gemacht werden sollen und welche Zuschüsse vergeben werden können. Spätestens jetzt muß ein Architekt mit der Planung betraut werden, der auch die Vorplanung (Vorentwurf, Kostenschätzung) erarbeitet. Auf dieser Grundlage sollten nochmals Abstimmungsgespräche geführt werden, um dann die Eingabeplanung und die Kostenberechnung für den Förderantrag zu erstellen. Bei komplizierteren Objekten ist es ratsam, dazu die wichtigsten Arbeiten bereits vor der Bewilligung der Fördermittel auszuschreiben. Hierauf folgen eine Wirtschaftlichkeits- oder Lastenberechnung und die endgültige Abstimmung über die Finanzierung und die Förderhöhe. Der Zuschußantrag ist der Genehmigungsbehörde vorzulegen, wird von der Kontrollbehörde (z. B. Regierung) geprüft und dem politischen Entscheidungsgremium zur Beschlußfassung vorgelegt. Dann wird eine sogenannte Modernisierungsvereinbarung getroffen, welche die Maßnahmen, Kosten, Arbeitsdauer, Fördermittel und ggf. zusätzliche Vereinbarungen enthält. Mit den Bauarbeiten darf erst nach Erhalt des Bewilligungsbescheids begonnen werden, wenn nicht eine Zustimmung zum vorzeitigen Baubeginn erteilt wurde. Die Auszahlung der Mittel erfolgt auf Antrag und sukzessive je nach Baufortschritt.

Da die Städtebauförderungszuschüsse nur gewährt werden, wenn alle anderen Zuschußmöglichkeiten geprüft und ausgeschöpft wurden, sind die Alternativen im Vorfeld abzuklären. Außerhalb von Städtebauförderungsgebieten können andere Fördermittel alternativ beantragt werden.

Zuschüsse der Landesdenkmalämter im Rahmen von Sanierungsmaßnahmen stehen für in die Denkmallisten eingetragene Gebäude zur Verfügung, wobei grundsätzlich der *denkmalpflegerische Mehraufwand* übernommen werden kann. Anders formuliert: Wenn ein Haus eine Reihe bewahrenswerter Bauteile aufweist, deren fachgerechte Bewahrung, Restaurierung oder Rekonstruktion mehr Geld kostet als eine »einfache« Sanierung, kann dieser Mehrbetrag bezahlt werden. Die Unteren Denkmalschutzbehörden bei den Bauämtern nehmen die Anträge entgegen und leiten sie zur Prüfung weiter an die Landesämter für Denkmalpflege. Die Förderentscheidung hängt vom Wert des Gebäudes, der Qualität des Sanierungskonzepts und dem verfügbaren Etat ab. Bei denkmalgeschützten Gebäuden besteht prinzipiell ein Erhaltungsgebot. Zuschüsse für Kosten des denkmalpflegerischen Mehraufwands geben auch *Kommunen oder regionale Gebietskörperschaften.* Auskünfte erteilen die zuständigen Bauverwaltungen. Ferner existieren in einigen Bundesländern sogenannte *Entschädigungsfonds*, aus denen bei Baudenkmälern Zuschüsse oder zinsgünstige Darlehen gewährt werden können. Die wichtigsten Voraussetzungen sind gegeben, wenn die Sanierungsaufwendungen die wirtschaftlichen Möglichkeiten des Eigentümers übersteigen oder die Sanierung wegen einer Gefährdung des Baudenkmals als notwendig eingestuft wird. Die Anträge können bei den Unteren Denkmalschutzbehörden eingereicht werden.

Darlehen für Maßnahmen des *Sozialen Wohnungsbaus* können etwa für den Umbau leerstehenden Wohnraums, für die Umwandlung anderweitig genutzter Räume zum Wohnen und den Ausbau von Dachgeschossen gewährt werden. Die Förderung kann sowohl für Miet- als auch für Eigennutzung beantragt werden. Entsprechend den verschiedenen Förderwegen liegen unterschiedliche Voraussetzungen und Finanzmodalitäten vor. Ländereigene *Modernisierungsprogramme* fördern Maßnahmen, die den Wohn- oder Gebrauchswert von älteren Mietwohnungen erhöhen.

In einer Reihe von ländlichen Gemeinden laufen ferner *Dorferneuerungs- oder Dorfentwicklungsprogramme*, die im allgemeinen auch Zuschußmöglichkeiten für Altbausanierungen vorsehen. Die Information und die Entscheidung über Förderungen obliegt dabei den mit der Dorferneuerung beauftragten Ämtern und Gremien. Die Höhe des möglichen Zuschusses ist von Land zu Land unterschiedlich, im allgemeinen können aber für eingetragene Baudenkmäler oder als besonders wertvoll eingestufte Gebäude erhöhte Fördersätze gewährt werden. Auch außerhalb von solchen Verfahrensgebieten können bei Landwirtschafts- oder Gewerbebetrieben von den zuständigen Ämtern bauliche Maßnahmen gefördert werden.

Hinzu kommen je nach Art des Sanierungsvorhabens und der angestrebten Nutzung weitere, im Einzelfall zu prüfende Finanzquellen. Teils existieren kommunale Programme zur Förderung regenerativer Energien, grünpflegerischer Maßnahmen etc. Weiterhin schreiben Kommunen und regionale Körperschaften, aber auch Wohnzeitschriften oft prämierte Wettbewerbe für gelungene Altbausanierungen aus, die nach Ende der Sanierung immerhin kleine nachträgliche Belohnungen sein können.

Ein besonderer finanzieller Vorteil für den Bauherrn besteht bei der Altbausanierung darin, daß die *Gesamtsanierungskosten* nach dem Einkommensteuergesetz unter bestimmten Voraussetzungen über einen Zeitraum von 10 Jahren *zu 100 % von der Steuer abgeschrieben werden können* (Stand 1998). Dies gilt sowohl für Gebäude, die in förmlich festgelegten Sanierungsgebieten liegen als auch für solche, die unter Denkmalschutz stehen. Um diese Abschreibungsbeträge geltend machen zu können, benötigt man entsprechende Bescheinigungen von den Bauverwaltungen bzw. Unteren Denkmalbehörden oder den Landesämtern für Denkmalpflege. Aus diesen Nachweisen müssen Art und Umfang des Projekts, die erfolgte Durchführung von Sanierungsarbeiten sowie die Höhe der Aufwendungen und der gewährten Förderungen hervorgehen. Bei Baudenkmälern ist der denkmalpflegerische Mehraufwand immer voll steuerabzugsfähig. Weitere Steuervergünstigungen können ggf. bei der Umsatz-, Grund-, Vermögens-, Erbschafts- bzw. Schenkungssteuer geltend gemacht werden. Zur genauen Prüfung aller steuerlichen Möglichkeiten muß ein auf Baufragen spezialisierter Steuerberater konsultiert werden (zu den einkommensteuerlichen Aspekten siehe insbesondere: Rudolf Kleeberg, Die Kulturförderung mittels der §§ 7i, 10f, 10g und 11b EStG, in: Finanz-Rundschau 79, 1997, Nr. 5). Besondere Vorteile ergeben sich für Bauherren in den neuen Bundesländern, wohin zum einen derzeit ein überproportional hoher Anteil der Städtebauförderungsmittel fließt und wo zum anderen für die Altbausanierung besondere Steuervergünstigungen in Anspruch genommen werden können.

In der *Schweiz* hat die Vertretung der Eidgenossenschaft mit dem Bundesamt für Kultur eine Behörde, die auch zwei mit Fragen des Altbauerhalts und der Denkmalpflege betraute Abteilungen einschließt. Die für den Heimatschutz zuständige Dienststelle kümmert sich um Wohn- und Bauernhäuser, die Abteilung Eidgenössische Denkmalpflege um Monumente wie Burgen, Schlösser etc. Das Bundesamt stellt fallweise auch Experten für Sanierungsvorhaben ab. Ferner hält das Amt für Melioration und Vermessungswesen *Fördermittel* insbesondere für Bauernhöfe bereit, wobei hier die Erneuerung von Bauteilen (z. B. Dach, Fenster, Heizung) im Vordergrund steht. Als ebenfalls mit Fragen der Denk-

17 und 18 Abbildungen aus einem Jahrbuch der Kantonalen Denkmalpflege Luzern, der die Arbeitsfelder von Archäologie und Bauforschung zeigt.

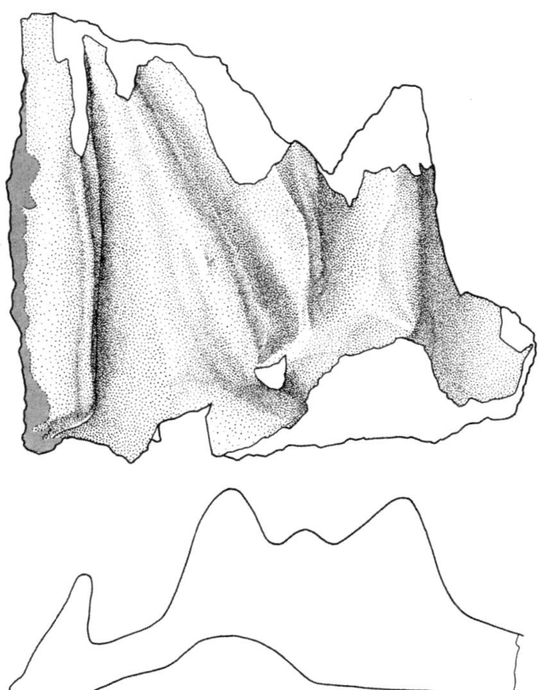

malpflege betrautes, übergeordnetes Gremium ist noch die Vereinigung Schweizerischer Denkmalpflege zu nennen.

In der Hauptsache werden der Denkmalschutz und die damit zusammenhängenden Aufgaben von den Kantonen wahrgenommen, die hierfür jeweils eigene Gesetze verabschiedet haben und eigene Denkmalschutzbehörden unterhalten. Neben der Kantonalen Denkmalgesetzgebung können in der Schweiz oft auch Gemeinden separate Baugesetze erlassen und etwa auch in eigener Verantwortung Vorkehrungen gegen unerwünschte Abrisse treffen. Die Gemeinden sind im allgemeinen innerhalb der Baugebiete auch für baurechtliche Planungs- und Baugenehmigungsverfahren zuständig. Außerhalb der Baugebiete werden die Bauvorhaben durch die kantonalen Raumplanungsstellen überprüft. Teils sind *kommunale Zuschußprogramme* für Maßnahmen an Altbauten vorhanden, so z. B. in Gegenden, wo die Einhaltung von Bauvorgaben für den Eigentümer finanzielle Mehrbelastungen mit sich bringt. Dies ist etwa dort der Fall, wo traditionelle Steinplattendächer vorgeschrieben sind.

Die Denkmalpflege, deren Arbeits- und Vorgehensweise sich von Kanton zu Kanton teils erheblich unterscheidet, kümmert sich zum einen sehr intensiv um die archäologische und kunsthistorische Forschung, fungiert aber zum anderen als kompetenter Ansprechpartner für Maßnahmen an Altbauten. In manchen Fällen erhält die *Kantonale Denkmalpflege* direkte, in manchen nur indirekte Kenntnis über Veränderungsvorhaben an alten Gebäuden. Meist werden deren Vertreter dann von sich aus tätig und suchen das Gespräch mit Eigentümer und Gemeinde. Für die Erhaltung und Wiederherstellung von Baudenkmälern stehen *Fördermittel* zur Verfügung. Über die Bezuschussung entschieden wird je nach Objekt, Sanierungskonzept und zur Verfügung stehendem Budget. Teils können alle der Erhaltung der historischen Substanz dienenden Arbeiten, teils nur die Maßnahmen im Rahmen des denkmalpflegerischen Mehraufwands gefördert werden. Für die Fördermittel, deren Bewilligung je nach Höhe des Zuschusses noch andere Gremien zustimmen müssen, sind normalerweise Höchstgrenzen festgelegt, die aber mit kantonalem Regierungsbeschluß überschritten werden können. Das Engagement der Kantonalen Denkmalpflege umfaßt häufig die Begleitung des Sanierungsablaufs von der Planung und Finanzierung bis zur Ausführung und Baubetreuung. Meist werden von der Kantonalen Denkmalpflege betreute und bezuschußte Sanierungsobjekte erst im Anschluß unter Denkmalschutz gestellt. Im vorhinein erstellte Denkmalverzeichnisse, wie sie z. B. für Zürich existieren, sind eher die Ausnahme. Weitere finanzielle Fördermöglichkeiten bestehen ggf. bei Organisationen wie der Schweizer Berghilfe oder Denkmalschutzvereinigungen.

Im Falle *Österreichs* ist die Denkmalpflege eine Kompetenz des Bundes. Das *Bundesdenkmalamt* mit Sitz in Wien unterhält Fachstellen für alle Bundesländer. In den meisten Fällen sind diese *Landeskonservatorate* in die Hauptstädte der Bundesländer ausgelagert. In den größeren Bundesländern, wo – wie etwa in der Steiermark – bereits seit längerem kontinuierliche Arbeit geleistet werden konnte, sind unter Begleitung durch das Landeskonservatorat bereits eine Vielzahl hervorragender, in jüngerer Zeit abgeschlossener Sanierungen zu besichtigen. Aber auch die kleineren, personell nicht sehr stark ausgestatteten Fachstellen, wie etwa das noch im Neuaufbau befindliche Konservatorat für Vorarlberg in Bregenz, betreiben eine sehr engagierte Denkmalpflege.

Für alle Bauten gültig sind die von den österreichischen *Bundesländern* erlassenen *Baugesetze*. Über die Baugenehmigungen und Auflagen entscheiden nach Maßgabe dieser Gesetze die Gemeinden. Allerdings müssen bauliche Maßnahmen an denkmalgeschützten Häusern auch vom Landeskonservatorat genehmigt werden. Voraussetzung ist die Vorlage der Baupläne und der kompletten Genehmigungsunterlagen. Bei einer Besprechung vor Ort werden dann die verschiedenen Belange durchgesprochen und ggf. anschließend die Genehmigung mit bestimmten denkmalpflegerischen Auflagen erteilt. Die beiden parallel laufenden Antragsverfahren bei Gemeinde und Bundesdenkmalamt können zu divergierenden Ergebnissen führen, in jedem Fall sorgt aber dieses Vorgehen dafür, daß die Interessen der Denkmalpflege und die Nutzungsansprüche der Bauherren sinnvoll abgewogen und koordiniert werden können. Private Gebäude stehen dann unter Denkmalschutz, wenn die Eigentümer einen entsprechenden schriftlichen Bescheid vom Bundesdenkmalamt bzw. dem zuständigen Landeskonservatorat erhalten haben. Öffentlich-rechtliche Gebäude sind grundsätzlich unter Schutz gestellt.

Zuschüsse, die vom *Bundesdenkmalamt* genehmigt und über die Landeskonservatorate abgewickelt werden, können für denkmalgeschützte Anwesen je nach Sachlage und Haushaltsvolumen für den denkmalpflegerischen Mehraufwand gewährt werden. Zusätzlich gibt es die Möglichkeit, separat beim Ministerium Zuschußanträge für Sanierungsvorhaben zu stellen. Eine weitere Möglichkeit der finanziellen Förderung besteht in den meist von den Kulturabteilungen der Bundesländer verwalteten *Revitalisierungsfonds*, aus denen (je nach Haushaltslage) teils größere Zuschüsse für Gebäudesanierungen genehmigt werden. Diese Mittel stehen auch für nicht denkmalgeschützte Bauten zur Verfügung. Einige Landesregierungen haben Programme zur Unterstützung baulicher Maßnahmen aufgelegt. Die hier zur Verfügung stehenden Mittel werden meist nicht sanierungsspezifisch eingesetzt, jedoch bieten sie teils doch die

Möglichkeit, die finanzielle Eigenbelastung zu verringern. In vielen Gemeinden Österreichs laufen aber auch Dorferneuerungsverfahren, die nach Prüfung des Einzelfalls Zuschüsse für Sanierungsvorhaben vorsehen. Die vorhandenen Möglichkeiten der Steuererleichterung sollten zusammen mit dem Steuerberater daraufhin überprüft werden, inwieweit sie zur Gesamtfinanzierung beitragen können.

Unabhängig von der Frage, ob ein Gebäude unter Denkmalschutz steht, sollten das Landesdenkmalamt, die Kantonale Denkmalpflege bzw. das Landeskonservatorat immer zu Rate gezogen werden, um Fehler von vornherein zu vermeiden. Meist kann man sich hier zumindest fachkundige, für die weitere Sanierung sehr nützliche Hinweise holen. Teils werden Beratungstage vor Ort angeboten, zu denen Bauherren, Planer u. a. kommen und sich über Sanierungsmaßnahmen informieren können.

Weitere Hinweise zur Frage der Sanierungsfinanzierung finden sich auf Seite 28, im Abschnitt *Entwurfsplanung, Kostenschätzung und Finanzierung.*

19 Dieser bereits einmal zum Abriß vorgesehene Tiroler Bauernhof aus dem 17./18. Jahrhundert in Mayrhofen konnte von den Eigentümern und dem Landeskonservatorat des Bundesdenkmalamts vorbildlich wiederhergestellt und in Teilen behutsam modernisiert werden. Heute wird hier wieder Nebenerwerbslandwirtschaft betrieben.

DER SANIERUNGSABLAUF IM ÜBERBLICK

Die Sanierungsvorbereitung und -planung

DIE HAUSSUCHE

Abgesehen von denjenigen Fällen, in denen ein Anwesen per Schenkung oder Erbschaft in den eigenen Besitz gelangt ist oder in denen man eher zufällig auf sein Traumhaus stößt, muß die Suche nach dem geeigneten Haus sorgfältig geplant werden. Die Entscheidung für die Sanierung hängt zunächst natürlich davon ab, ob man ein den eigenen Ansprüchen genügendes Objekt findet. Man muß sich also *möglichst früh klar darüber werden, was man von einem Haus genau erwartet*, um gezielt suchen zu können. So ist zu klären, welcher Raumbedarf (z. B. Gesamtgröße, Zuschnitt der Zimmer, Ausbau- und Erweiterungsmöglichkeiten) besteht, welche Nutzungen untergebracht werden sollen, ob man in städtischem oder ländlichem Umfeld leben möchte, welchen Haustyp und welche Bauepoche man bevorzugt (z. B. mittelalterliches Stadthaus oder Jugendstilvilla), wie groß der zugehörige Grund sein muß, welchen Kaufpreis man höchstens aufbringen kann und will, wieviel Eigenleistung investiert werden kann und vieles andere mehr.

Die von der Haussuche bis zur praktischen Sanierung zu beachtenden Punkte sind im Anhang in einer praktischen *Checkliste* zusammengefaßt.

Ist man sich über die Ansprüche an das »Wunschhaus« erst einmal klar geworden, kann die *eigentliche Suche* beginnen. Hier sind natürlich zunächst die Immobilienseiten der Tageszeitungen von Belang, die meist Angebote aus einer bestimmten Region enthalten. Nach interessanten Altbauten muß man darin allerdings oft lange suchen. Eine weitere Möglichkeit ist es, sich mit den Denkmalpflegebehörden in Verbindung zu setzen. Viele Gebietsbeauftragte bei den deutschen Landesdenkmalämtern, den Kantonalen Denkmalpflegestellen in der Schweiz und den Landeskonservatoraten des Österreichischen Bundesdenkmalamts können aus ihrer Sachkenntnis Tips für interessante Objekte geben. Ferner veröffentlichen diese Behörden meist Jahresberichte und andere Arbeitshefte, die auch sanierungsbedürftige Objekte enthalten. Zusätzlich haben einige Denkmalämter spezielle Verzeichnisse mit verkäuflichen, denkmalpflegerisch wertvollen Gebäuden erstellt, die teils über die Ämter selbst, teils über den Buchhandel angefordert werden können. So gibt es etwa in Sachsen jeweils eigene Publikationen mit zum Verkauf stehenden Schlössern, Stadthäusern und Bauernhäusern. Im allgemeinen sind die von den Denkmalbehörden publizierten Verzeichnisse mit Fotos, Kurzbeschreibung des jeweiligen Objekts, teils auch Lageplan sowie natürlich den Kontaktadressen versehen. Viele Geschichts- und Heimatpflegevereinigungen weisen in ihren Veröffentlichungen häufig auf wertvolle, teils verkäufliche Altbauten hin. Will man die Suche auf einen kleinen Bereich oder eine bestimmte Stadt beschränken, können die kommunalen bzw. regionalen Baugenehmigungs- und Denkmalstellen befragt werden. Vielleicht kennt man aber

20 und 21 Die von der Familie Mussotter unter großem Aufwand sanierte Dresdener Villa aus der Zeit des Historismus bietet zentrale Lage und städtisches Flair sowie Räume mit viel Dekor in beachtlicher Größe.

22 Dieser bayerische Bauernhof ist für ganz andere Ansprüche geschaffen – für das Leben in einfachen Räumen und mit einer völlig anderen Architektursprache.

23 Kompetente Planer können Altstadtsanierungen maßgeblich mit beeinflussen und prägen. Hier der Karlstädter Architekt Alfred Wiener vor einem seiner »Werke«.

auch jemanden, der beruflich viel mit alten Häusern zu tun hat (Architekten, Restauratoren, Handwerker usw.) und auf lohnende Objekte aufmerksam machen kann. Führt all dies nicht zum Erfolg oder will man für die Haussuche nicht soviel Zeit investieren, bleibt noch die Beauftragung eines Immobilienmaklers.

BEAUFTRAGUNG DES PLANERS, ERSTE BESTANDSUNTERSUCHUNGEN UND ERWERB

Ist ein attraktives und verkäufliches Anwesen gefunden, stellen sich Fragen, von denen die letztliche Kaufentscheidung abhängen wird. In erster Linie kommt es hier darauf an, die vorhandene *Bausubstanz zu überprüfen*, um die anstehenden Sanierungsmaßnahmen und Kosten zumindest grob abschätzen zu können. Entscheidend ist es dabei, schon zu diesem frühen Zeitpunkt einen *Fachmann mit einschlägiger Erfahrung* zu Rate zu ziehen.

Am besten sollte also schon jetzt, in jedem Fall aber spätestens vor Inangriffnahme der eigentlichen Planung und Sanierung, ein *kompetenter Architekt* beautragt werden. Zwar können gerade in der Sanierung viele Handwerksarbeiten selbst erledigt und damit Kosten gespart werden, aber dazu sind eine fachkundige Planung und Anleitung unbedingt notwendig. Man sollte sich dabei für einen bekanntermaßen angesehenen Sanierungsplaner oder durchaus auch einen engagierten jungen Architekten entscheiden, der aber in jedem Fall nach seiner Sensibilität im Umgang mit alter Bausubstanz ausgewählt werden sollte. Nicht jeder gute Neubauarchitekt ist auch ein guter Sanierungsplaner (aber fast alle sensiblen Sanierungsplaner gute Neubauarchitekten)!

Sollte die Wahl eines Planers sich zu diesem Zeitpunkt als zu schwierig oder langwierig erweisen, können zunächst auch sanierungserfahrene Restauratoren oder Handwerker konsultiert werden. Bitte nicht »irgendwelche« Praktiker um Rat fragen, denn vielen mangelt es sowohl an Sanierungserfahrung als auch an Kenntnissen zur zuverlässigen Beurteilung von Bauschäden! Oft schon wurde ein grundsätzlich intaktes, sanierungsfähiges Haus »kaputtgeredet«. Zur Beurteilung des Schadens und des Sanierungsaufwands sind daher ausgewiesene Fachleute unerläßlich. Die Bestandsuntersuchungen sollten natürlich immer so gründlich wie möglich erfolgen – soweit dies eben die Umstände erlauben.

Der *Kaufvertrag* muß vom Notar beurkundet und die Eigentumsänderung bei Gericht in das Grundbuch eingetragen werden. Für die Bearbeitung durch den Notar fallen Gebühren an, die sich nach den jeweiligen Bemessungsgrundlagen und dem Umfang der sonst noch in Anspruch genommenen Beratungsleistung richten. Die Notariatskosten wie auch die Gebühren für die Grundbucheintragung sind natürlich in die Gesamtkalkulation miteinzubeziehen.

ZIELVORGABEN

Wichtig ist es, daß bei allen die Sanierung des Hauses betreffenden Überlegungen und Planungen von Anfang an ein gedanklicher Leitfaden eingehalten wird. Dies gilt vor allem für den Umgang mit der historischen Bausubstanz. Hier sollte der *Grundsatz* gelten, *soviel wie möglich zu erhalten und nur soviel wie nötig zu erneuern.* Wer diesen Grundsatz nicht beherzigt, wird auch kein gestalterisch befriedigendes Ergebnis erzielen. Planerische »Höhenflüge« wie das Herausreißen zahlreicher Decken und Wände oder gar die Entkernung und völlige Neugestaltung des Innenraums zählen zu den schlimmsten Verstößen gegen diese Regel. Die völlige Planungsfreiheit kann es mit Rücksicht auf die historische Substanz in der Sanierung nicht geben. Doch auch in anderen Bereichen sind klare gestalterische *Zielsetzungen* unerläßlich. Solche Vorgaben können etwa sein, möglichst kostengünstige und gleichzeitig kreative Lösungen zu suchen oder sich an regionalen Bau- und Handwerkstraditionen zu orientieren. Manche Ziele, wie etwa die Rekonstruktion einer bestimmten vorgefundenen Stilepoche, können erst zu einem späteren Zeitpunkt der Planung aufgestellt werden – in diesem Fall nach Abschluß der entsprechenden Befunduntersuchungen.

DAS AUFMAß

Notwendige Voraussetzung für die weitere Sanierungsplanung ist die genaue Vermessung des ausgewählten Anwesens, das sogenannte Aufmaß. Das Ziel dieses Aufmaßes – das meist im Maßstab 1:50, teils auch 1:20 oder gar 1:1 erstellt wird – ist es, eine Grundlage für die zeichnerische Umsetzung der Planungsentwürfe zu erhalten. Diese Notwendigkeit ergibt sich insbesondere deshalb, weil Bauschäden oft nur so sichtbar gemacht werden können und besonders bei sehr alten Gebäuden auch keine oder nur unzureichende Plangrundlagen vorhanden sind. Zudem muß planerisch natürlich vom aktuellen Zustand ausgegangen werden. Bei neueren bzw. als konstruktiv intakt erkannten Häusern genügt dabei das normale Architektenaufmaß, bei problematischeren Verhältnissen sollte ein genaueres verformungsgerechtes Aufmaß erstellt werden. Dieses erfaßt die vorhandenen Bauteile auf den Zentimeter genau und berücksichtigt auch die im Lauf der Zeit entstandenen baulichen und konstruktiven Veränderungen, Mängel und Schäden (z. B. geneigte Wände, durchhängende Decken).

24 Ausschnitt eines verformungsgerechten Bauaufmaßes.

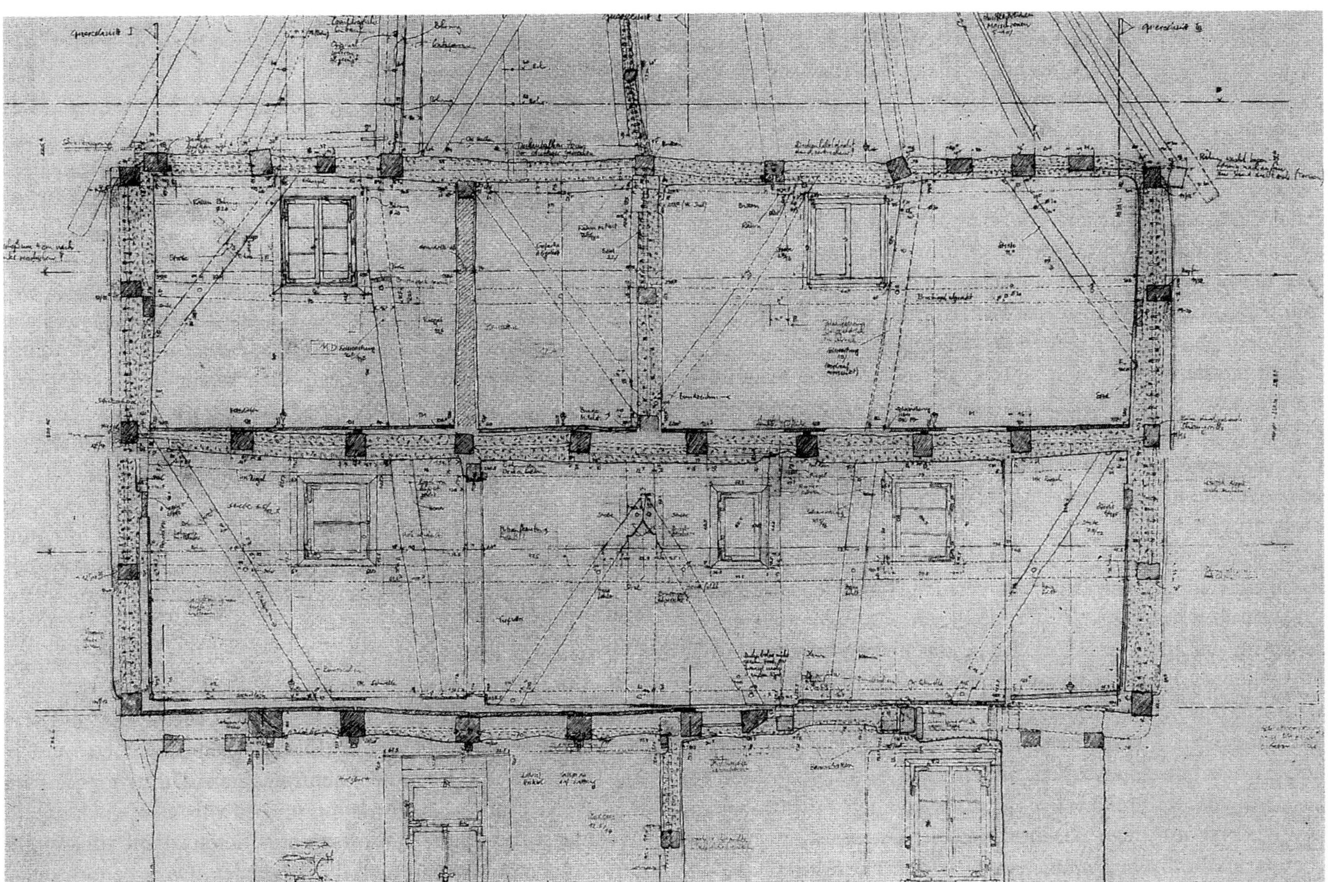

25 Die Untersuchung des Dachstuhls auf vorhandene Schädigungen ist eine der wichtigsten baulichen Analysen.

Dem Aufmaß entnommene Informationen über Bauschäden sind oft die notwendige Voraussetzung für die Einleitung von Sicherungsmaßnahmen, in erster Linie der Abstützung der Tragekonstruktion bzw. des Mauerwerks. Da die Vermessung sehr genau zu geschehen hat und meist mehrere Grundrisse sowie vor allem Längs- und Querschnitte angefertigt werden müssen, ist der Zeitaufwand oft sehr hoch. Die Erstellung des verformungsgerechten Aufmaßes wird bei denkmalgeschützten Gebäuden teils durch die Denkmalpflege bezuschußt. Die Höhe der Bezuschussung ist dabei ggf. im Einzelfall zu klären.

BESTANDSUNTERSUCHUNGEN ZUR AUFFINDUNG STATISCH-KONSTRUKTIVER SCHWÄCHEN

Bei vielen (insbesondere jüngeren) Häusern liegen nur dann schwere Bauschäden vor, wenn längere Leerstände, undichte Dächer oder grob unsachgemäße Veränderungen (Eingriffe in die Tragkonstruktion, falsche Dämmung und Anstriche etc.) zu verzeichnen waren. Stuft nun aber der beauftragte Architekt nach Erstellung des Aufmaßes den Zustand bestimmter, wichtiger Bauteile des Hauses als zweifelhaft ein, sind weitere Befunduntersuchungen notwendig. Diese sollten möglichst vor Beginn der eigentlichen Sanierungsplanung durchgeführt werden, um »böse Überraschungen« weitestgehend zu vermeiden. Der Fall, daß weitere Problemstellen erst während des Sanierungsprozesses sichtbar und genauer untersucht werden können, tritt ohnehin noch oft genug auf, sollte aber durch vorausschauende Voruntersuchungen soweit als möglich vermieden werden.

Haben sich durch das Aufmaß Hinweise auf schwere konstruktive Schwachstellen ergeben, benötigt man zur genauen Analyse der Schäden und zur Planung geeigneter Maßnahmen oft ein *statisches Gutachten*, das aber von mit alten Häusern vertrauten Fachleuten erstellt werden sollte. Diese wissen über die Schwächen, aber auch Stärken alter Häuser Bescheid und ordnen sie richtig ein. Wo manche, an Neubauten geschulte Ingenieure nicht weiterkommen bzw. für alte Häuser ungeeignete Lösungen vorschlagen, können diese Sanierungsfachleute helfen. Ergänzend zu einem statischen Gutachten kann es in schwierigen Fällen sinnvoll sein, eine geologische Untersuchung des Bauuntergrunds vorzunehmen.

Für die weiteren Untersuchungen wichtig ist die Tragkonstruktion. Sie kann durch Zubauten, die tragende Teile durchtrennen oder sie durch überhöhtes Gewicht zu sehr belasten, in ihrer Funktion geschädigt sein. Bei Fachwerkhäusern ist teils ein Einsinken der Mittelauflager festzustellen, teils haben sich tragende Hölzer soweit verschoben, daß das betreffende Haus sogar akut einsturzgefährdet ist. Die oft unzureichende Gründung der Mitteltragwände, welche die Statik negativ beeinflußt, kann als »notorisches« Problem bezeichnet werden. Ferner ist oft die Tiefe des Fundaments (etwa wegen Absinken des Grundwasserspiegels) nicht mehr ausreichend. Durch aufsteigende Feuchtigkeit verursachte Mauerwerksschäden zählen ebenfalls zu den häufigeren Schwachstellen, die teils erst durch Abgraben bis auf Kellertiefe ausreichend erkannt werden können. Öfter durch Feuchtigkeitseinwirkung in Mitleidenschaft gezogene, im Detail zu überprüfende Holzteile sind die Dachkonstruktion (Balken, Sparren/Sparrenköpfe, Pfetten) sowie die Wandkonstruktion von Fachwerk- und Ständerbauten (z. B. abgefaulte Ständer und Schwellen). Das Eindringen von bestimmten Insektenarten kann – auch bei äußerlich intakt aussehenden Teilen – zur Zerstörung der inneren Struktur des Holzes geführt haben. Der Befall durch den Hausbock ist dabei insofern noch weniger problematisch, als dieser in alten Häusern meist abgestorben ist. Jedoch müssen ungeachtet dessen die befallenen Hölzer ausgetauscht werden. Anobien, deren Anwesenheit sich durch das Schadensbild feiner Linien und Löcher sowie das Vorhandensein frischer Holzmehlhäufchen äußert, finden dagegen auch bei älterem Holz noch genügend Nahrung und können deshalb auch auf das übrige und neu eingebaute Holz übergehen. Pilze sind grundsätzlich in der Lage, Holz- und Mauerteile zu befallen. Es können holzschädigende und harmlose, nur an Jungholz zu findende Arten unterschieden werden. Pilzbefall an Holz ist meist an der spezifischen äußeren Schädigung zu identifizieren. Der sogenannte echte Hausschwamm, der an den Außenseiten Fruchtkörper bildet, weist würfelförmige Absplitterungen auf. Seine wasserleitenden Myzele und seine geringen Ansprüche an Temperatur und Feuchtigkeitsbedingungen machen ihn besonders widerstandsfähig und begünstigen seine Ausbreitung.

Zur Ergänzung des äußeren Augenscheins müssen in zweifelhaften Fällen Bauteile freigelegt werden, um etwaige Schäden aufzufinden. Zur genauen Beurteilung können z. B. auch Bohr- oder Schnittproben genommen werden.

Ferner gibt es die Möglichkeit, endoskopische bzw. spezifische Verfahren einzusetzen, so etwa das Setzen von Sonden in Natursteinmauerwerk sowie Ultraschalluntersuchungen.

BEFUNDUNTERSUCHUNGEN UND BAUGESCHICHTLICHE ANALYSEN

Zur Sanierungsvorbereitung wird vor allem bei kunsthistorisch wertvollen Gebäuden mit zahlreichen Wandmalereien, Stuckierungen und anderen wichtigen Baudetails ein sogenanntes *Raumbuch* angefertigt. Dieses wird insbesondere bei denkmalgeschützten Häusern oft im Auftrag der Denkmalbehörden durch Kunsthistoriker, Architekten, Restauratoren oder andere dafür ausgebildete Personen erstellt. Es besteht aus der textlichen Beschreibung des Anwesens, d. h. einer Bestandsaufnahme der einzelnen Räume mit Beschreibung des Ist-Zustands und Empfehlungen zur Restauration bzw. Sanierung, sowie dem Fototeil, der den Text illustriert. Abzeichnungen der Fotografien stellen die Verbindung von Text und Fototeil her. Mittels Numerierungen, welche die betreffenden Räume und Positionen im Foto genau bezeichnen, lassen sich die bildlichen Aussagen textlich exakt nachvollziehen. Die praktische Bauaufnahme oder Inventarisierung soll die vorhandenen Ausstattungselemente in ihrem Zustand vollständig und exakt nach der Struktur, der stofflichen Beschaffenheit und dem Wesen (subjektiven Eindruck) erfassen. Des weiteren soll sie Angaben (gegebenenfalls auch Hypothesen) zur Baugeschichte bzw. zum Ursprungszustand (z. B. Farbton, Art der Verzierung) und konkrete Empfehlungen zur Sicherung oder Rekonstruktion geben. Der Vorteil des Raumbuchs besteht darin, daß es Aufschlüsse über die gesamte Ausstattung liefert, viele Informationen für die Praxis optimal aufbereitet und weitere aufwendige Untersuchungsschritte und Neuüberlegungen erspart.

Die Notwendigkeit eines Raumbuchs kann entfallen, wenn nach eingehenden Befunduntersuchungen klar geworden ist, daß sich die Zahl sicherungswürdiger Details – sei es infolge des einfachen Baucharakters, sei es infolge unsachgemäßer historischer Behandlung und Nutzung – in Grenzen hält. Auf zumindest grundlegende bau- und kunstgeschichtliche Nachforschungen sollte aber in keinem Fall verzichtet werden. Bisweilen werden auch (etwa zur Rekonstruktion künstlerischer Details) ersatzweise weniger formalisierte und aufwendige restauratorische Studien erstellt. Häufig und sehr nützlich sind etwa historische Farbuntersuchungen und Analysen der Innenraumausstattung (z. B. Stuckierungen, Täfelungen). Auch hier sollten Pläne, mit Numerierungen versehene Fotos sowie textliche Beschreibungen und Maßnahmenempfehlungen enthalten sein. Die Adressen von Spezialisten, die solche Untersuchungen erstellen können, erfragt man am besten bei den Denkmalbehörden.

26 und 27 Auszug aus einem Raumbuch.

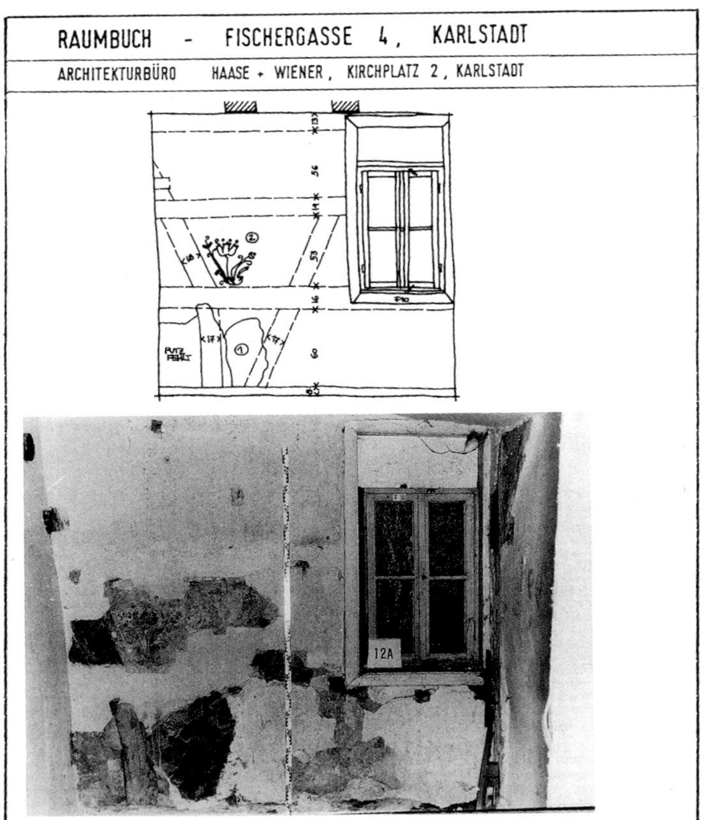

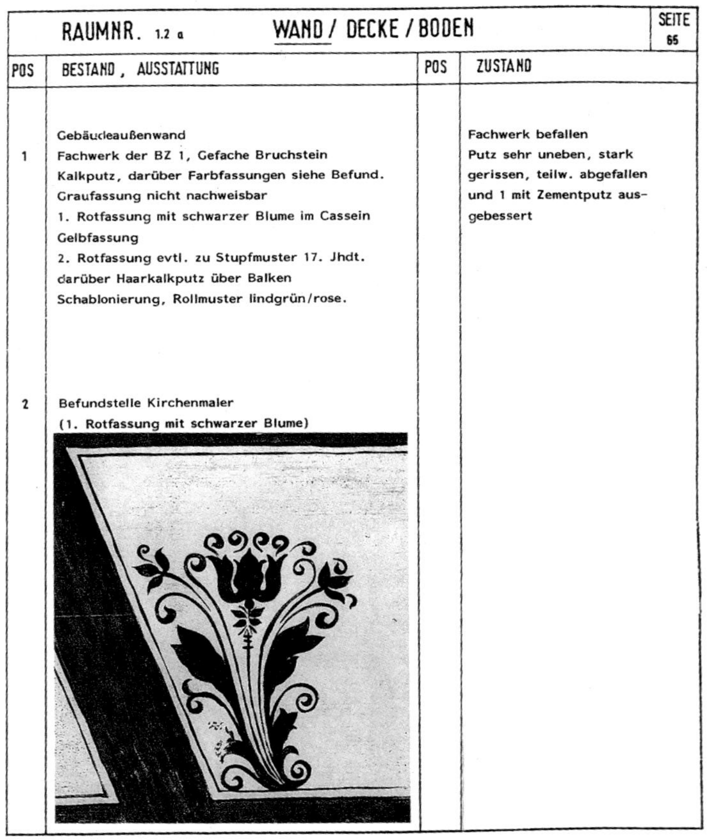

POS	BESTAND, AUSSTATTUNG	POS	ZUSTAND
1	Gebäudeaußenwand Fachwerk der BZ 1, Gefache Bruchstein Kalkputz, darüber Farbfassungen siehe Befund. Graufassung nicht nachweisbar 1. Rotfassung mit schwarzer Blume im Cassein Gelbfassung 2. Rotfassung evtl. zu Stupfmuster 17. Jhdt. darüber Haarkalkputz über Balken Schablonierung, Rollmuster lindgrün/rose.		Fachwerk befallen Putz sehr uneben, stark gerissen, teilw. abgefallen und 1 mit Zementputz ausgebessert
2	Befundstelle Kirchenmaler (1. Rotfassung mit schwarzer Blume)		

28 Bei solchen Sichtbefunden an Decken und Wänden müssen Farbe und Putze fachkundig untersucht werden.

29 So wie bei diesem restaurierten Giebellaubenhaus in Pillgram (bei Frankfurt a. d. Oder) finden sich oft noch Gemälde, Fotos o. a., die Aufschluß über das alte Aussehen eines Gebäudes geben können.

Ungeachtet der Tatsache, ob ein Raumbuch oder eine andere bau- und kunstgeschichtliche Studie erstellt wird, sollten in jedem Fall die vorhandenen Befundstellen zumindest gesichert werden (etwa durch sachgemäßes Abdecken älterer Farbschichten). Besonders reizvolle, historisch aussagekräftige Einzelelemente sollten in Abstimmung mit den beteiligten Vertretern des Denkmalschutzes und anderen Experten restauriert, in ihrem Auffindungszustand sichtbar gehalten bzw. konserviert werden.

Einen Sonderfall unter den bauhistorischen Analysen stellt die sogenannte *dendrochronologische Untersuchung* dar (von griechisch *dendron* – der Baum), bei der von Konstruktionshölzern des Hauses Proben entnommen und auf ihr Alter hin überprüft werden, um daraus auf die Entstehungszeit des Anwesens rückschließen zu können. Hierzu vergleicht der Fachmann meist entnommene Bohrkerne (Durchmesser ca. 5 mm) mit sogenannten Jahresringkalendern, in denen die Wachstumschronologie verschiedener Baumarten für bestimmte Regionen genau festgehalten ist. Teils, zumal bei kunsthistorisch wertvollen Untersuchungsobjekten, arbeiten Dendrochronologen auch mit Lupenmessungen, Abdrücken oder sogar Fotografien. Je mehr Proben zur Verfügung stehen, desto näher wird man dem tatsächlichen Erbauungsjahr kommen. Zusätzlich besteht natürlich die Möglichkeit, historische Quellen und andere Materialien zum Vergleich heranzuziehen. Meist kann mit der Dendrochronologie aber der Entstehungszeitraum eines Gebäudes zumindest auf einen Näherungswert von wenigen Jahrzehnten, oft sogar auf das Jahr genau eingegrenzt werden. Dendrochronologische Analysen können, wenn die Förderungsvoraussetzungen erfüllt sind, von der Denkmalpflege bezuschußt werden.

Wenn zu wenige Informationen über die *Geschichte* eines Hauses vorliegen oder man mehr über die früheren Nutzungen, die Berufe der ehemaligen Bewohner und die sozialgeschichtlichen Zusammenhänge erfahren will, bieten sich weitere Nachforschungen an. Am einfachsten und schnellsten informiert man sich durch Auswertung historischer Fotografien. Die nächste Station sind hier die Büchereien, vor allem aber die Staats- und Universitätsbibliotheken (insbesondere die Abteilungen Geschichte, Volkskunde und Architektur). Alte, in Archiven verwahrte Katasterwerke geben in Verbindung mit den zugehörigen Plänen Aufschluß über historische Berufe, Gebäudefunktionen und Besitzverhältnisse. Weiteren historischen Nachforschungen in Archiven sind, die Kenntnis der Handschriften vorausgesetzt, keine Grenzen gesetzt. In alten Plänen (z. B. Katasterplänen, Maßstab meist 1:5000 bzw. 1:2500) sind teils auch historische Gartenanlagen zu erkennen, etwa Bepflanzungen herrschaftlicher Parks oder zumindest ehemalige Obstbaumbestände.

30 Solche zeitgenössischen Darstellungen können wichtige Hinweise für die Neugestaltung von Haus und Garten liefern.

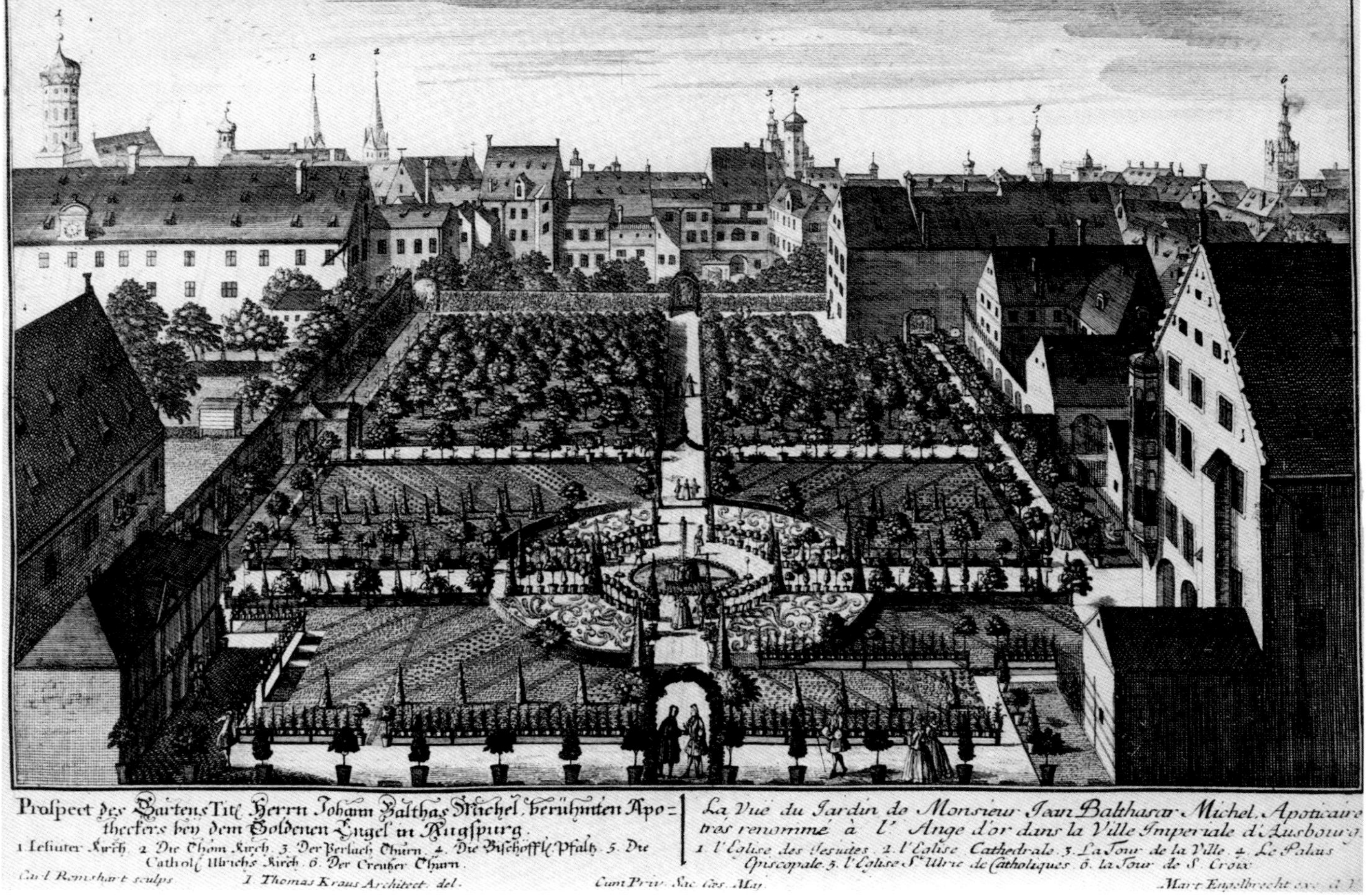

VORENTWURF UND GESAMTSANIERUNGSKONZEPT

Wenn die wichtigsten Schwachstellen des Hauses aufgedeckt und die Zielsetzungen der Sanierung festgelegt sind, müssen sich Eigentümerin bzw. Eigentümer darüber klar werden, welche Nutzungsansprüche im einzelnen an das Gebäude gestellt werden. Zusammen mit dem Planer sollten alle Vorstellungen festgehalten, auf ihre Realisierbarkeit hin überprüft und im *Vorentwurf* fixiert werden. Dieser basiert zeichnerisch auf dem verkleinerten Aufmaß und sollte in Skizzenform alle vorgesehenen Einzelmaßnahmen umfassen. Es empfiehlt sich, in den Abstimmungsprozeß zum frühestmöglichen Zeitpunkt die zuständigen *Behördenvertreter einzubeziehen*. Dies sind in erster Linie die für Baugenehmigungen zuständigen Stellen auf regionaler oder kommunaler Ebene und die Vertreter bzw. Gebietsbeauftragten der übergeordneten Denkmalämter.

Das *Sanierungskonzept* ist eine Art Resümee aller bis zu diesem Zeitpunkt angestellten Überlegungen, in dem der Ablauf der Sanierung – soweit zu diesem Zeitpunkt abzusehen – bezogen auf den Zeitrahmen, die verschiedenen Räume bzw. Bauteile und die einzelnen Arbeiten möglichst detailliert schriftlich festgehalten wird. Eine genaue Abstimmung mit allen beteiligten Behörden und Zuschußgebern ist unerläßlich. Bauliche und denkmalpflegerische Aspekte werden dabei mit wirtschaftlichen und nutzungsbezogenen Überlegungen und Interessen in Einklang gebracht. Das Sanierungskonzept stellt dann eine sehr nützliche Grundlage für die weitere Planung und für die Koordination des Baufortgangs dar.

31 Ausschnitt aus einem farbig angelegten Eingabeplan (verkleinert auf 1:100), der Teil des Genehmigungsantrags nach dem österreichischen Denkmalschutzgesetz war. Die Planung stammt von Architekt Leopold Kaufmann/Dornbirn.

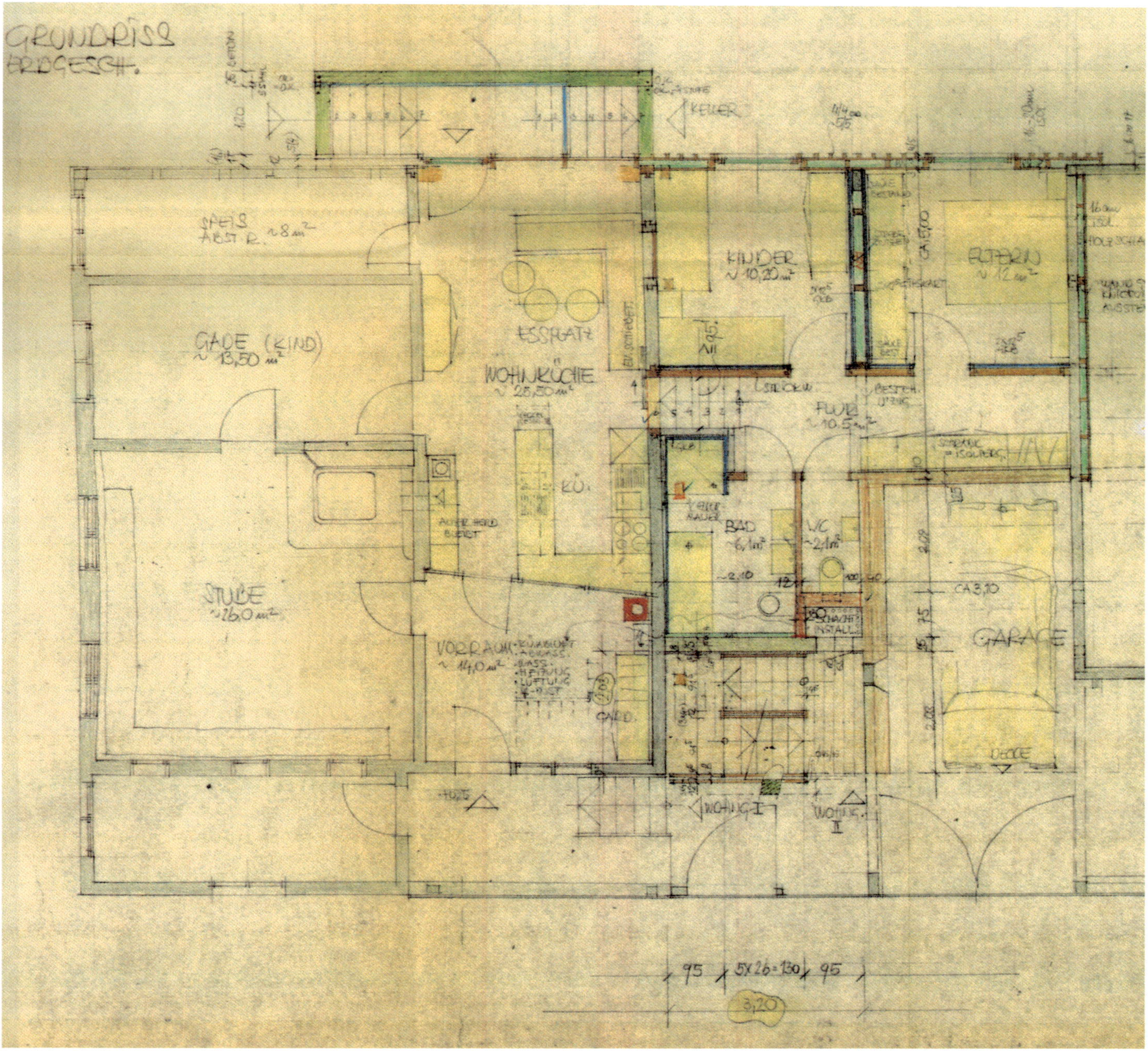

ENTWURFSPLANUNG, KOSTENSCHÄTZUNG UND FINANZIERUNG

Als alle vorstehenden Überlegungen einbeziehende Plangrundlage für die Sanierung dient der *Entwurf*, der normalerweise im Maßstab 1:100 gezeichnet wird. In ihm werden die einzelnen Vorentwürfe zu einem Ganzen zusammengefaßt. Er muß Grundrisse für alle Gebäudeteile und Stockwerke sowie Seitenansichten des Hauses umfassen, damit die künftige Gestaltung vom Bauherrn und ggf. anderen beteiligten Stellen zuverlässig beurteilt werden kann.

Auf der Grundlage von Sanierungskonzept und Planentwurf kann eine *Kostenschätzung* erstellt werden, welche die vorgesehenen Sanierungs- und Umbaukosten, Sicherheitsbeträge (bei Handwerkerleistungen) und Baunebenkosten (z. B. Planungskosten und -gebühren) umfaßt. Die vorgesehenen Maßnahmen müssen bezogen auf die einzelnen Bauteile bzw. Flächen nach Menge und Preisen aufgelistet werden. Teils wird eine noch genauere Kostenberechnung gemacht. In der *Wirtschaftlichkeits- oder Lastenberechnung* werden die sich aus der Sanierung ergebenden Kosten den dafür zur Verfügung stehenden Mitteln gegenübergestellt. Der *Finanzierungsplan* rechnet alle vorhandenen Mittel – vor allem Eigenkapital, verfügbare Baukredite, Sanierungszuschüsse und steuerliche Vergünstigungen bzw. Abschreibungsmöglichkeiten sowie staatliche Bauprämien – zusammen. Die einzelnen Bestandteile und zeitlichen Abschnitte des Finanzierungsplans sollte der Architekt zusammen mit dem Bauherrn ausarbeiten, da Banken diese Aufgabe wegen ihrer geringeren Kenntnisse der Bauabläufe oft nicht bewältigen können.

GENEHMIGUNGSPLANUNG

Bei baulichen Veränderungs- und Sanierungsmaßnahmen ist in der Regel ein Bauantrag zu stellen, bei dem zusammen mit dem genauen Beschrieb der *Maßnahmen* (Baubeschreibung) vollständige *Eingabepläne* eingereicht werden müssen. Dazu wird der Entwurf den Vorgaben der VOB (Verdingungsverordnung für Bauleistungen) angepaßt, im Maßstab 1:100 ausgefertigt und kopiert, um dann vom Bauherrn sowie (hoffentlich!) den Nachbarn unterzeichnet zu werden. Es muß leider kritisch festgestellt werden, daß heute manche Bauämter dazu tendieren, auch gestalterisch und denkmalpflegerisch indiskutable Umbauplanungen zu genehmigen, die eher auf eine Zerstörung als auf eine Sanierung des Hauses hinauslaufen. Bei denkmalgeschützten Gebäuden sind eigentlich strengere Richtlinien einzuhalten. Jedoch fallen heute unter politischem Druck und aus oftmals kurzsichtigen wirtschaftlichen Interessen auch viele bedeutende Kunstdenkmäler der Abrißbirne zum Opfer.

Die Einhaltung der Feuerschutzbestimmungen und der Hausstatik wird im Genehmigungsverfahren ebenfalls geprüft. Gerade hier lassen sich heute gültige gesetzliche Bestimmungen teilweise nur schwer mit einer behutsamen, substanzerhaltenden Sanierung in Einklang bringen. Anders als bei der Genehmigung baulicher Veränderungen werden hier teils zu rigide und bürokratische Auflagen erteilt. Im Interesse des Sanierungsobjekts sind in diesem Fall eine verständnisvolle und flexible Auslegung der Vorschriften sowie eine gewisse Hartnäckigkeit von Bauherr und Planer nötig.

Die Genehmigungsbehörden bzw. Bauverwaltungen sind meist auf Ebene der Kommunen, im ländlichen Bereich in Deutschland auch auf Ebene der Landkreise angesiedelt. Je nach Staat, Land und Stadt besitzen andere Referate bzw. Ämter die Zuständigkeit für Sanierungsvorhaben. Der bzw. die beauftragte Architekt/in weiß hierüber Bescheid.

WERKPLANUNG

Die auf dem Aufmaß basierende *Werkplanung* (im Maßstab 1:50) geht in Umfang und Genauigkeit über den Entwurf hinaus. Darin werden auf der Grundlage des Bestands alle in irgendeiner Weise zur Veränderung vorgesehenen Bauteile eingezeichnet und mit exakten Maßen versehen. Die Maßnahmen und Abmessungen müssen eindeutig zu erkennen sein und von den zu beauftragenden Handwerkern vor Ort umgesetzt werden können. Auf größte zeichnerische Genauigkeit ist ebenso zu achten wie darauf, daß die Werkpläne nicht mit Informationen überfrachtet und damit schwer lesbar werden. Um auf unvorhersehbare Entwicklungen vorbereitet zu sein, sollten zu schwierigen Punkten alternative Lösungen entworfen werden. Für wichtige Bauteile müssen *Detailzeichnungen* (im Maßstab 1:50 bis 1:1) angefertigt werden. Dies gilt etwa für neu herzustellende Fenster, Beschläge und Griffe, Türen, Holzverbindungen, Treppen und andere Bauteile mehr. Mündliche Angaben und Absprachen reichen hier meist nicht aus, da Mißverständnisse und falsche Ausführung niemals ausgeschlossen werden können. Im Hinblick auf die Werkplanung müssen mit den jeweiligen Fachingenieuren auch die technischen Installationen diskutiert und geplant werden.

AUSSCHREIBUNG UND AUFTRAGSVERGABE

Im allgemeinen werden bei einem größeren Sanierungsvorhaben fast alle wichtigen Arbeiten nach handwerklichen Gewerken und aufgeschlüsselt nach Positionen *ausgeschrieben*. Bei Inanspruchnahme von Städtebauförderungsmitteln kann bei der Ausschreibung die Anwendung der VOB notwendig sein. Die von den Handwerksfirmen abgegebenen *Angebote* müssen vom Planer genau *überprüft* werden, denn oft verstecken sich hinter einem gegenüber dem Mitbewerber günstigeren Gesamtpreis ein geringerer Leistungsumfang oder eine verminderte Qualität der Arbeiten. Aber Kosten sollten in der Sanierung bei der Entscheidung über die Auftragsvergabe nicht den alleinigen Ausschlag geben. Eine fast noch wichtigere Rolle spielen die Sensibilität der Firmen für alte Häuser und ihre Erfahrung in der Sanierung. Meist schneiden hier kleinere und mittlere Betriebe besser ab als Großfirmen, welche die Sanierung nur nebenbei betreiben und teils auch geringeres Einfühlungsvermögen mitbringen. In jedem Fall muß gewährleistet sein, daß die Kenntnis von an das alte Haus angepaßten Handwerkstechniken und das Bewußtsein für althergebrachte Baustoffe vorhanden ist (z. B. besondere Mauerverbände, Ausfachungen mit Lehmstroh, historisch gebräuchliche Holzverbindungen, richtiges Aufbringen und Verstreichen von Kalkputz).

Kleinere Gewerke, die noch nicht bei den ersten Sanierungsabschnitten zur Ausführung kommen, können auch einmal zu einem späteren Zeitpunkt im Verlauf der Sanierung ausgeschrieben werden. Ein Teil der Arbeiten wird meist ohne Ausschreibung an Handwerksfirmen vergeben werden, deren Fachkenntnis dem Architekten oder auch dem Eigentümer bekannt ist.

Ist über die Vergabe der Arbeiten entschieden, kann den beauftragten Firmen ein sogenanntes *Sanierungsdrehbuch* an die Hand gegeben werden, in dem Zeitplan und Ausführung der einzelnen Schritte klar und übersichtlich beschrieben sind. Mit dieser chronologisch geordneten Vorlage kann ein Teil der beim komplexen Prozeß der Sanierung sonst auftretenden Abstimmungsprobleme, Leerläufe und Baufehler von vornherein vermieden werden. Nur bei kleineren, sehr einfachen Objekten, ständiger Präsenz des Architekten oder allgemein großer Fachkundigkeit auf seiten der Beteiligten kann auf eine solche schriftliche Vorgabe verzichtet werden.

Seite 6 Sanierungsdrehbuch, Fischergasse 4, Karlstadt

- Zimmermannsmäßige Verbindungen wieder sichern	Fa. Feser
- Festigung von Gefachen und Putzflächen durch den Restaurator	Herr Baude
- Ausbau der alten Dachgeschoßtreppe	Fa. Liebstückel
- Reparatur aller Fachwerkwände durch Ergänzung. Aufblatten, Ansetzen etc. Einzug neuer Fachwerkwände und des mainseitigen Sichtfachwerkgiebels.	Fa. Feser
- Reparatur und Ergänzung der Balkenlage über Ebene O, Schließen des alten Treppenloches.	Fa. Feser
- Reparatur des Dachtragwerkes, Herstellen intakter Fußpunkte, Stuhlrähme und Kehlbalken. Einbau von Längsausteifungen. Aufschlagen der fünf Gespärre des neuen Anbaues. Errichten der Gauben, Errichten des Holzlaubenganges.	Fa. Feser
- Oberseitiges Abschalen und Abpappen der Dachfläche, Entfernen des Notdaches	Fa. Feser
- Aufbringen der Sparrenaufdopplung und Aufschieblinge. Einbringen der Dämmung, Lattung, Neueindeckung mit Biberdoppeldeckung, zuvor Entfernen alter Installationen, Anbringen neuer Rinnen und Fallrohre	Fa. Feser Dachdeckerfirma
- Anschluß der Dachentwässerung an die Grundleitungen, bzw. Zisterne	Fa. Liebstückel
- Ausmauern aller Außenwandgefache, ggf. Lehmarbeiten	Fa. Liebstückel/?

32 Auszug aus einem Sanierungsdrehbuch

DIE PRAKTISCHE SANIERUNG

VORBEMERKUNGEN ZUM THEMA ÖKOLOGISCHE BAUSTOFFE

Bei alten Häusern, die ja ursprünglich großenteils mit »gesunden« Baustoffen ausgestattet waren, sollte auf *ökologisch vertretbare und historisch angepaßte Materialien* geachtet werden. Hierzu müssen verschiedene Aspekte berücksichtigt werden. Wichtig sind insbesondere gute Eigenschaften hinsichtlich Feuchtigkeitsaustausch und Emissionen, aber auch geringer Chemieeinsatz bei der Rohstofferzeugung und Herstellung, geringer Energieverbrauch auf dem Transport und Recyclebarkeit. Mittlerweile wurde die Zusammensetzung vieler einst baubiologisch bedenklicher Baustoffe wie z. B. Mineralwolle verändert, so daß vor der Entscheidung die einzelnen Produkte unbedingt sorgfältig verglichen werden sollten. Praktische und häufig aktualisierte Berichte und Tests zu dieser Thematik finden sich insbesondere in den Zeitschriften »Öko-Haus« und »Öko-Test« sowie dem immer wieder aktualisierten Öko-Test-Sonderheft »Bauen und Renovieren«.

Hand in Hand mit dem Thema Ökologie geht der Aspekt des an regionalen Bautraditionen orientierten Bauens bzw. Sanierens, das – falls möglich – die Verwendung historisch gebräuchlicher und regionaltypischer Baustoffe, Materialien und Techniken einschließt.

33 Dieses kleine, in Fachwerkbauweise ausgeführte und mit Lehmgefachen versehene Häuschen in Unterfranken wird von seinen jungen Eigentümern nach streng ökologischen Maßstäben und mit althergebrachten Baustoffen saniert.

VORBEREITUNGSMASSNAHMEN

Zu Beginn der Arbeiten muß oft der Dachständer für die Stromversorgung entfernt werden. Insbesondere in manchen ländlichen Gegenden ist eine neue Kanalisation mit den entsprechenden Hausanschlüssen zu verlegen, die meist vorhandene Sickergrube dann auszupumpen und aufzufüllen. Diese wie auch andere mit dem Einsatz größerer Maschinen verbundene Arbeiten (z. B. Verlegung von Gas- und Elektroanschlüssen) und Erdbewegungen sollten, soweit es mit den ausführenden Gesellschaften abzustimmen ist, zu einem möglichst frühen Zeitpunkt erfolgen.

In den meisten Fällen wird es zu Beginn der Sanierung um Ausräumarbeiten, die Entfernung unsachgemäßer Dämmungen und Verkleidungen oder auch einmal um den Abriß gestalterisch und denkmalpflegerisch uninteressanter oder absolut zerstörter, nicht mehr sanierbarer Anbauten bzw. Nebengebäude gehen. Festgestellte wertvolle Befunde müssen vor Beginn aller Arbeiten fachgerecht abgedeckt bzw. gesichert werden. Alte Tapeten und Anstriche sollten vorsichtig und mit schonenden Mitteln abgelöst werden, um keine eventuellen wertvollen Putz- und Farbschichten zu zerstören. Teile der genannten Arbeiten können je nach Reihenfolge der Sanierungsschritte auch zu einem späteren Zeitpunkt eingeplant werden. Der anfallende Abfall muß in Bauschutt und Wertstoffe getrennt und entsprechend entsorgt werden. Hierdurch können Entsorgungskosten gespart werden. Manche Stoffe, etwa alte Asbestfaserverkleidungen, sind als Sondermüll zu behandeln.

Die Baustelleneinrichtung mit Fahrzeugen, Gerüsten etc. erfordert ggf. Abstimmung mit Behörden und Nachbarn.

Auf dem Grundstück vorhandene Großbäume und Gehölze will man möglichst erhalten. Damit sie während der Sanierung nicht beschädigt werden, müssen sie durch Ummantelungen im Stammbereich geschützt werden. Der Wurzelbereich, der in etwa die gleiche Größe wie die Baumkrone aufweist, sollte so wenig wie möglich befahren und mit Abdeckungen vor zu großer Verdichtung bewahrt werden.

BESEITIGUNG VON FEUCHTIGKEITSHERDEN UND SCHÄDLINGSBEFALL

Die durch die Bauanalysen festgestellten *Feuchtigkeits- und Schädlingsherde* sind vor dem Beginn aller praktischen Maßnahmen auf ihre konkreten *Ursachen* hin zu untersuchen. So können Undichtigkeiten der Dachdeckung, defekte Regenrinnen, den Feuchtigkeitsaustausch behindernde Putze und Anstriche, falsche Dämmung, fehlende horizontale Feuchtigkeitssperren oder auch durchnäßtes Erdreich für die Feuchtigkeitsbildung verantwortlich sein. Je nach Befund ist zur Abhilfe natürlich ein anderer Schritt einzuleiten. Stark durchfeuchtete Stellen an Wänden und

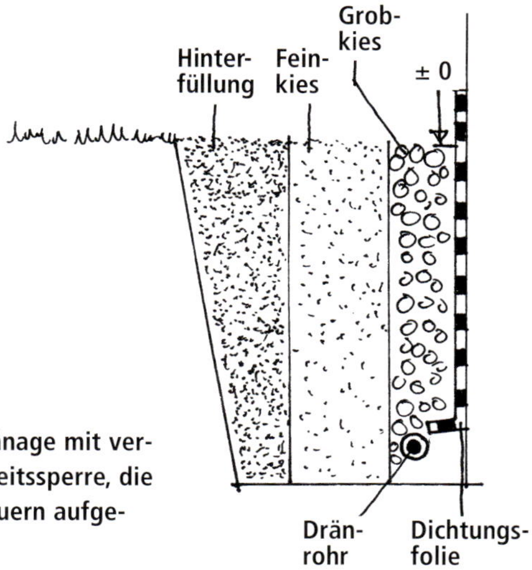

34 Schema: Dränage mit vertikaler Feuchtigkeitssperre, die auf die Grundmauern aufgebracht wird.

Fundamenten müssen beseitigt werden, um nicht den Erfolg der Sanierung durch die Instabilität von Bauteilen, neuerliche Putzablösungen, die Bildung von Schimmel etc. zu gefährden. Ferner führen sehr feuchte Bauteile auch zu großen Wärmeverlusten.

Unsachgemäße Isolierungen, die den Wärmeaustausch von warm zu kalt behindern und damit den Taupunkt nach innen wandern lassen, sind häufig für vorhandene Wandfeuchtigkeit verantwortlich. Oft bringt schon die *Entfernung* dieser Platten eine beträchtliche und schnelle Besserung. Zusätzlich ist es natürlich immer nötig, die betroffenen Räume *gut zu beheizen und zu belüften* (Stoßlüftung!).

Um den Übergang vorhandener Erdfeuchte in Fundamente und Mauerwerk zu verhindern, werden *Dränagen* installiert, die am besten in einer Sickerschicht aus Grobkies verlegt werden sollten. Durch eine anschließende Filterschicht aus Feinkies sowie ein ausreichendes Gefälle (ca. 3%) kann die Leitung gegen Versanden geschützt werden. Weiterhin ist – auf Höhe der Fundamentsohle beginnend – an der Außenseite des Gebäudes eine *vertikale Absperrung* (etwa durch eine Noppenfolie) erforderlich. Während diese Vertikalsperren wegen des einfachen und schnellen Arbeitsverfahrens noch recht günstig sind, verursacht das Einbringen horizontaler Sperrschichten deutlich höhere Kosten und ist mit gewissen Eingriffen in die Substanz und in den Zusammenhang des Mauerwerks bzw. der Konstruktion verbunden. Dazu wird eine Reihe von Methoden angewandt. Die sicherste Technik ist es, nach dem mechanischen Aufstemmen oder -sägen der Außenwand Folien bzw. Pappen einzuziehen. Um die Funktion der Trennschicht nicht zu beeinträchtigen, muß zur Lastenverteilung ober- und unterhalb ein Fugenmörtel aufgebracht werden. Fast ebenso gute Erfolge werden durch das Einpressen geriffelter Edelstahlrohre erzielt, wobei sich hierbei die Voruntersuchungen meist aufwendiger gestalten. Alternativ kommen teils auch Trockenlegungsverfahren mit chemischen Injektionen oder elektroosmotischen Anlagen zum Einsatz, die aber nicht immer befriedigende Ergebnisse bringen. Abdichtende Putzzusätze oder reine Zementputze bewirken nur die weitere Durchfeuchtung der Wände. Ebensowenig sind Methoden mit Wärmezufuhr (Mauerheizungen) und Luftröhrchen zu empfehlen.

KONSTRUKTION UND DACHBEREICH

Neben den bereits unmittelbar nach dem Erkennen zu behebenden Schwerstschädigungen, die zum Einsturz von Bauteilen führen können, ist vor allen weiteren Sanierungsschritten die *Wiederherstellung der Dachkonstruktion* nötig. Im Unterschied zum Neubau gilt also bei der Sanierung die Reihenfolge »von oben nach unten«.

Es läßt sich häufig feststellen, daß alte Hölzer wegen ihrer Qualität besonders lange halten, wenn nicht von außen Feuchtigkeitsherde oder mechanische Belastungen geschaffen wurden. Die hohe Qualität der Konstruktionen hat ihren Grund in der früher üblichen Fällzeit (in den Wintermonaten) und der richtigen Lagerung, aber oftmals auch in den angewandten Holzbearbeitungstechniken (Beilen statt Sägen). Holzteile im Dachbereich können also auch bei sehr alten Bauten noch völlig intakt sein. Jedoch müssen sie insbesondere bei undichtem Dach zumindest teilweise ersetzt oder durch Neuteile ergänzt werden. Oft sind der Witterung ausgesetzte Holzteile wie Balken- und Sparrenköpfe besonders in Mitleidenschaft gezogen. Die konstruktiven Anschlußstellen und die Auflageflächen auf dem Mauerwerk werden auch bevorzugt durch Feuchtigkeitseinwirkung geschädigt. Dies gilt ferner für unter Mauerwerk, Verputz oder Verblechungen befindliche Holzteile.

35 Ein alter Balkenkopf wird repariert.

36 Eine mögliche Technik, um die Tragfähigkeit der Sparren zu verbessern (entwickelt und gezeichnet von Architekt Ekkehart Hähnel/Müncheberg).

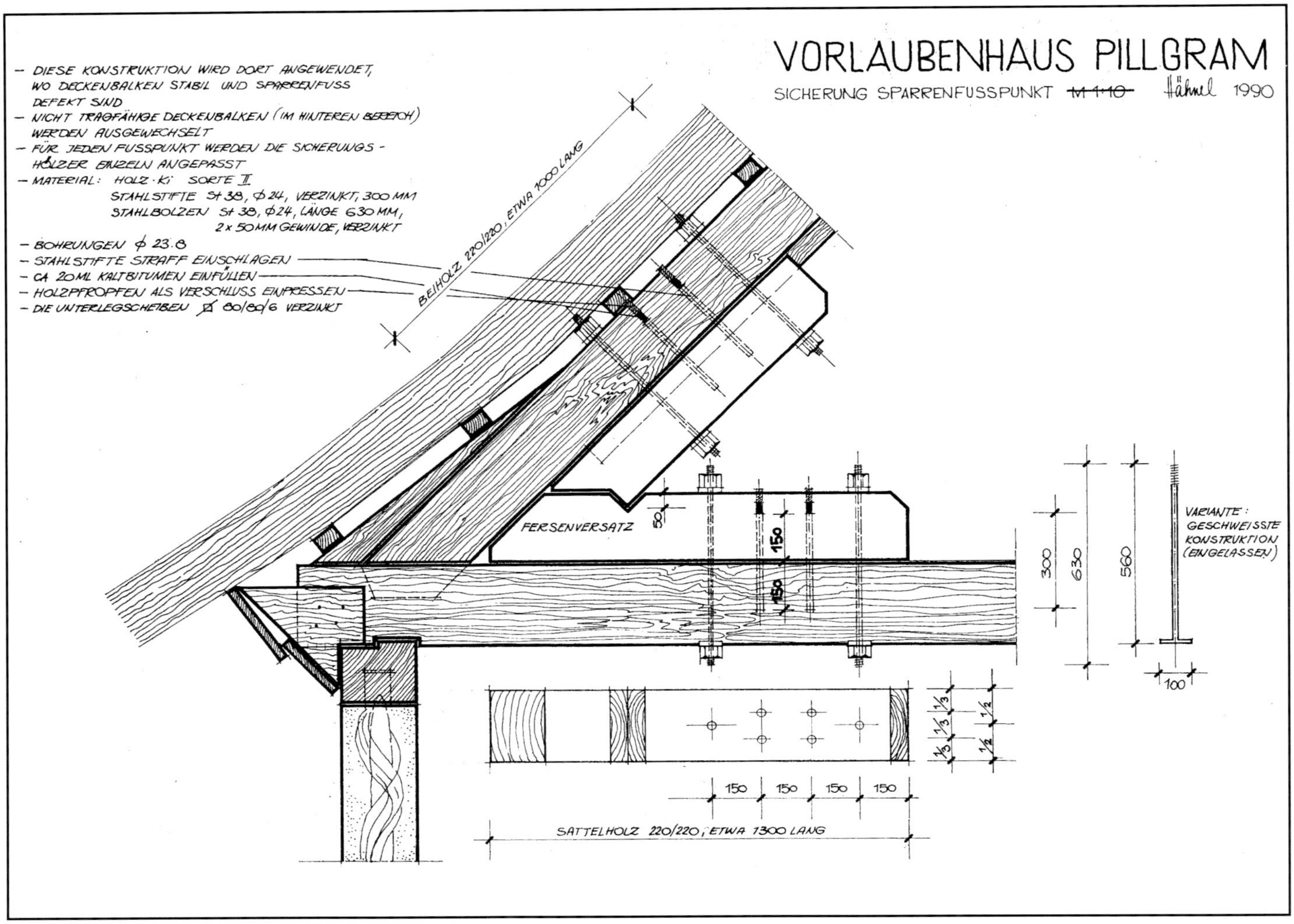

Bei durch Feuchtigkeit oder mechanische Einwirkung (z. B. übermäßige Auflagekräfte) verursachten Holzschäden kann das betreffende Teil meist entweder ergänzt oder – bei stärkerer Schädigung – ersetzt werden. Für das Ergänzen maroder Holzteile gibt es eine Vielzahl unterschiedlicher Varianten und Methoden. So können etwa Balken, die an kleineren Stellen deformiert oder sogar (etwa durch frühere Baumaßnahmen) durchschnitten sind, durchaus wieder voll funktionsfähig gemacht und weiterverwendet werden. Marode Sparren- und Balkenköpfe lassen sich mittels neuer, meist zangenartiger Teile anschuhen. Zur besseren Aussteifung und damit zur Verbesserung der Statik etwa im Dachstuhlbereich können Balken und Sparren bzw. Wände durch Metallteile oder Holzbüge kraftschlüssig verbunden werden. Von innovativen Architekturbüros wurden zusammen mit Statikern Ersatztragwerke (oder »Subsidiärtragwerke«) entwickelt, welche die Konstruktion von Fachwerkhäusern unterstützen und die Statik nachhaltig verbessern. Bei festgestelltem Befall durch Insekten (z. B. Hausbock, Anobien, Ameisen) führt meist eine Heißluftbehandlung (mindestens 30 Minuten bei etwa 60°C) zum Erfolg. Ein späterer Wiederbefall ist bei dieser Methode auszuschließen. In ihrer inneren Struktur grundlegend geschädigte und damit nicht mehr tragfähige Holzteile und -gebäude müssen aber natürlich ausgebaut oder abgerissen werden. Zur Bekämpfung von Pilzarten, die Holz- und Mauerteile schädigen können (z. B. echter Hausschwamm, Porenschwamm, weißer Warzenschwamm) dient die Austrocknung (und anschließende ausreichende Belüftung). Zusätzlich wird auch auf andere Verfahren wie Bestrahlen mit ultraviolettem Licht oder Spezialanstriche zurückgegriffen. Wenn große Bereiche befallen und der Ausbreitungsgrad des Pilzmyzels unsicher ist, sind die gesamten Teile auszuwechseln und zu vernichten.

Der Dachstuhl muß teils nur um einige neue Balken ergänzt werden, teils wird er heruntergenommen und unter Verwendung der noch brauchbaren Teile neu gearbeitet. Zur Behandlung der alten Teile genügt es meist, sie mit Essigwasser zu reinigen, leicht anzuschleifen und ggf. mit Flüssigwachs einzulassen. Die Gestaltung der Dachkonstruktion sollte sich nach der vorgegebenen historischen Konstruktion (z. B. Sparrendach oder Pfettendach) und Dachform (z. B. Satteldach, Walmdach, Mansarddach) richten. Die Dachlattung muß in fast allen Fällen komplett erneuert werden.

Beim *Ausbau der Speicherräume* gibt es verschiedene Methoden des *Dachaufbaus*. Zwei Grundvarianten sind bauphysikalisch sinnvoll: Im ersten Fall befinden sich Dachhaut, Wärmedämmung und Schalung auf den Sparren, der eigentliche Dachstuhl liegt im warmen Bereich. Beim »Kaltdach« bringt man hingegen den Dachaufbau einschließlich der Dämmung auf der Unterseite der Sparren an, Dachplatten und Sparren bleiben im Kalten unter der regendichten Deckung. Beide Methoden gewährleisten im Vergleich zur Dämmung zwischen den Sparren einen besseren Wärme- und Feuchtigkeitsaustausch, die Entstehung von Kältebrücken und die Kondenswasserbildung werden vermieden. Genügend be- und hinterlüftete Konstruktionen sowie atmungsfähige Baustoffe gewährleisten, daß die im Inneren des Hauses gebildete Luftfeuchtigkeit nach draußen abtransportiert werden kann. Als Dämmaterialien werden zunehmend ökologisch verträgliche, feuchtigkeitsabweisende Großplatten aus gepreßtem Holz und Zellulosefüllungen verwendet.

Die vor dem Beginn der Sanierung vorhandene Dachdeckung entspricht in vielen Fällen nicht mehr der ursprünglichen. Meist ist es jedoch möglich, die passenden und mit den regionalen Bautraditionen übereinstimmenden Materialien und Formate zu verwenden. Anders als die noch zu Beginn des 19. Jahrhunderts etwa in Süddeutschland weit verbreitete Strohdeckung haben sich viele historische Bedachungsmaterialien zumindest teilweise erhalten, so die Legsteindeckung in Franken, die Reetdeckung in Teilen Nord- und Ostdeutschlands sowie die im Alpenraum verbreitete Eindeckung mit Holzschindeln. Handelt es sich bei der vorgefundenen Dachdeckung sogar um die historisch richtige, so kann sie ggf. wiederverwendet werden. Voraussetzung hierfür ist natürlich, daß sie sich noch in gutem Zustand befindet.

Dachziegel sind das am weitesten verbreitete Bedachungsmaterial, sie sind je nach Gebiet in den unterschiedlichsten Ausführungen, Formen und Zuschnitten zu finden. Bei Biberschwanzdachziegeln liegen z. B. des öfteren Schäden an den Einhängenasen vor. Beschädigte, nicht mehr dicht abschließende Ziegel können zum Eindringen von Niederschlagswasser und somit der Schädigung der Sparren und übrigen Dachhölzer führen. Ggf. kann aus gestalterischen und denkmalpflegerischen Gründen für Ersatz durch intakte Exemplare von abgerissenen oder neu gedeckten Altbauten gesorgt werden. Inwieweit sich allerdings hieraus eine Kostenersparnis ergibt, muß im Einzelfall geprüft werden. Günstiger kommt die Verwendung von gebrauchten alten Ziegeln primär dann, wenn man sie selbst abdeckt und abtransportiert. Gleich, welche Art der Dachdeckung ge-

37 Das weit heruntergezogene Dach dieses Schwarzwaldhofs besitzt eine traditionelle Holzschindeldeckung. Das Haus gehört zum Untertyp der sogenannten Heidenhöfe. Mit Unterstützung des Baden-Württembergischen Landesdenkmalamts Freiburg wurde es fachkundig restauriert.

wählt wird, es muß für eine ausreichende Hinterlüftung gesorgt werden.

Wenn der Dachraum bei der Sanierung ausgebaut werden soll, stellt sich zwangsläufig die Frage nach der *Belichtung*. Allzuoft wird dieses Thema vernachlässigt, was zu gestalterisch entstellten Dächern führt. Meist werden zu großformatige und zu viele Dachflächenfenster eingebaut, wofür zudem oft der Sparrenabstand im Dachstuhl verändert werden muß. Grundsätzlich sollte bei sehr alten Häusern der Einbau von Dachflächenfenstern möglichst vermieden werden. Ausnahmen können nur in Einzelfällen bei jüngeren, seit etwa 1900 entstandenen Häusern gemacht werden – und dies auch nur dann, wenn die Dachflächenfenster zumindest von unten nicht oder kaum sichtbar sind. Immer muß darauf geachtet werden, daß möglichst kleine Formate mit geringer Profilstärke verwendet werden. Die meistens verwendeten Exemplare wirken dagegen wie auf das Dach aufgesetzte Kästen.

Die andere Möglichkeit, für eine bessere Belichtung zu sorgen, sind Gauben. Diese stellen im Normalfall die gestalterisch bessere Variante dar – vor allem deshalb, weil sie keine »Lochwirkungen« entstehen lassen und meist durch das Bedachungsmaterial optisch gut in die übrige Dachfläche eingebunden werden können. Allerdings kommt es hier entscheidend auf die Ausführung der Gauben an: Der Anblick viel zu breiter, zu hoher oder schlicht völlig fehldimensionierter Exemplare belegt dies sehr deutlich. In der Regel sollten neue Gauben nur eine Fensteröffnung aufweisen und sich in ihrer Anordnung an der Dachfläche oder an den vorhandenen Fensterachsen orientieren, um gestalterische Stimmigkeit zu erzielen. Bei Häusern, wo mehrere Dachgeschosse ausgebaut werden können, kann man auf die historisch übliche Hierarchie der Gauben zurückgreifen. Im allgemeinen sollten unten größere, stehende Gauben, weiter oben kleinere, liegende Gauben mit Schleppdächern vorgesehen werden. Wichtig ist es, auch bei der Konstruktion der Gauben auf eine ausreichende Hinterlüftung zu achten, um keine Feuchtigkeitsherde entstehen zu lassen.

Regenrinnen und -rohre bestehen heute meist aus Kupfer-, aber auch aus Edelstahlblech. Die Fallrohre können mit Klappen versehen werden, um Niederschlagswasser in Sammelbehälter abzuleiten. Teils ist es auch möglich, die Fallrohre einzusparen und das Regenwasser von den (genügend lang überstehenden) Rinnen direkt in ein Kiesbett und ins Erdreich einzuleiten. Bei Bauernhäusern vor allem im Alpenraum können die Rinnen auch einmal aus Holz gefertigt sein. Bei bestimmten Bedachungsmaterialien wie dem Reet kann und sollte man auf Regenrinnen am besten ganz verzichten.

38 Anders als bei den meisten älteren oder kleineren Anwesen können breitere Gauben etwa bei Mietshäusern (hier aus der Zeit des Jugendstils) durchaus stimmig sein.

39 Ein versotteter Schornstein, der abgebrochen werden muß.

KAMINE UND HEIZUNGSANLAGE

Oft sind die in alten Häusern vorhandenen *Schornsteine* versottet oder undicht und fördern die Schwitzwasserbildung am Mauerwerk. Sind die Kamine baufällig, müssen sie meist abgetragen und durch neue ersetzt werden. Hinzu kommen notwendige separate Schornsteine für die Zentralheizung. Teils werden aber statisch intakte Kamine auch saniert und mit neuen Zügen versehen. Alternativ können sie stillgelegt und zum Einbau von Be- und Entlüftungsrohren sowie anderen Installationen für die Haustechnik verwendet werden.

Für die *Wärme- und Energiegewinnung* sind auch bei alten Häusern fast alle technisch machbaren und ökologisch sinnvollen Varianten, wie Gas, Erdwärmenutzung etc., denkbar. Vorgabe sollte es allerdings sein, besonders bei der Verlegung der (meist aus Kupfer bestehenden) Leitungen und der Auswahl des Heizsystems bzw. der Heizkörper die nötigen Eingriffe in die Substanz gering zu halten und die gestalterischen Auswirkungen zu berücksichtigen. Zum Erhalt von besonders schönem Mauerwerk können eine Fußbodenheizung oder ein Fußleistenheizsystem beitragen. Alternative Wärme- oder Energiegewinnung durch Solartechnik ist an sich auch bei der Altbausanierung möglich, wie das Beispiel V in diesem Buch belegt. Natürlich sind für die Installation der Solarmodule bzw. Photovoltaikanlagen vor allem Flachdächer (wie etwa bei einem Teil der alten Mietshäuser) oder die Dächer von Nebengebäuden geeignet, da die Gesamtwirkung des Hauses nicht beeinträchtigt werden sollte.

WÄNDE UND MAURERARBEITEN

Grundsätzlich sind *Wandkonstruktion und Mauern*, soweit nicht baufällig, zu erhalten und mit den alten Materialien auszubessern. Auch die vorhandenen Wandöffnungen sollten beibehalten werden. Wenn sie in jüngerer Zeit unsachgemäß verändert wurden, ist eine Rückführung in den alten Zustand notwendig. Man darf hier nicht den Fehler machen, die historischen Fassadenöffnungen im Format den heute auf dem Markt angebotenen Fenstern und Türen anzupassen. Sowohl die Anordnung als auch die Maße der Fenster und Türen waren bei alten Häusern meist sehr genau auf das Gesamtgebäude abgestimmt. Jede kleine unsachgemäße Veränderung kann für die Gesamtwirkung der Fassade verheerende Folgen haben. Sind aufgrund einer veränderten Raumaufteilung neue Fenster- und Türöffnungen erforderlich, muß auf die Einfügung in den Bestand besonders geachtet werden.

Die Holzkonstruktionen von Wänden und die Sanierung von Holzteilen wurden weiter oben bereits behandelt. Hier soll vor allem auf einige Arten der Ausfachung und deren Wiederherstellung eingegangen werden. Bei der schon sehr alten Technik der Lehmausfachung werden z. B. in nord- und ostdeutschen Gegenden meist Holzscheite mit Stroh umwickelt und mit Lehm verstrichen, um dann nebeneinander angeordnet zu werden. Anschließend werden die Gefache nochmals mit Lehm verstrichen. In Gebieten Bayerns und Schwabens ist demgegenüber eine andere historische Grundtechnik verbreitet, bei der in die mit Lattungen versehenen Ständerzwischenräume ein Gemisch aus Lehm,

40 In Lehmtechnik ausgefachte Holzständerkonstruktion bei einem Haus im östlichen Brandenburg. Die mit Lehmstroh umwickelten Holzscheite sind gut zu erkennen.

41 Neues zweischaliges Mauerwerk im Altbau. Der Zwischenraum ist mit einer Dämmschicht aus Kokosfaser versehen worden.

Sand und Stroh eingeworfen und festgedrückt wird. In vielen Gebieten ist schon lange die Ausmauerung der Holzgefache mit Ziegelklinkern üblich.

In einigen Regionen – und dort zunächst im städtischen Bereich – kannte man bereits seit dem Mittelalter die *Massivbauweise*. Die hierzu verwendeten Steine differieren hinsichtlich der jeweiligen Region und den dort vorgefundenen Materialien. So dominiert in Gegenden mit großen Vorkommen an Naturstein dieser auch als Baumaterial (beispielsweise in den Alpen und in Franken). Besonders bei kleineren und wirtschaftlich genutzten Gebäuden wurde dieser oft nur behauen, für größere Wohnbauten meist in regelmäßige Quaderform gebracht. Insbesondere seit dem 19. Jahrhundert entstandene Repräsentativbauten (Schlösser, Theater, Verwaltungsgebäude, Villen) sind sehr oft aus Natursteinquadern gemauert. Andernorts, wo statt dessen ausreichende Tonvorkommen zur Herstellung von Ziegeln vorhanden waren, wurden primär diese verwendet.

Liegen *Risse im Mauerwerk* vor, müssen bei schweren Schäden natürlich die konstruktiven Ursachen beseitigt werden. Die Öffnungen selbst können etwa mit einem Hochdruckinjektionsverfahren geschlossen werden. Dabei spritzt man unter Druck ein Gemisch aus Wasser und wenig Zement ins Mauerwerk ein. Die Substanz verteilt sich wegen der Offenporigkeit der Ziegel und des Mörtels in alle vorhandenen Hohlräume. Das Wasser verdunstet, und zurück bleibt die Zementmasse, die den Wänden wieder die nötige Stabilität verleiht.

Wenn *Mauerteile ergänzt werden müssen*, hat man sich an der gegebenen Wandstärke zu orientieren. Ideal wäre es, wenn vorhandene alte Ziegelsteine genutzt werden könnten. Bei Sichtmauerwerk ist die Stimmigkeit der vorhandenen und der neuen Steine wie auch der historischen Mauerverbände noch viel entscheidender als bei später verputztem Mauerwerk. Sind ganze Wände zu erneuern, sollten auf jeden Fall die historisch üblichen Bauweisen und Materialien gewählt werden. Während die meist recht starken Natursteinwände im Normalfall für eine ausreichende Wärmedämmung sorgen, sind insbesondere bei alten Ziegelbauten doch oft eine sehr geringe Wandstärke und damit ein hoher Wärmeverlust gegeben. Hier kann auf verschiedene Weise Abhilfe geschaffen werden: So gibt es die Möglichkeit, zur Verbesserung bestehender Wände eine *zweite Schale* mit alten Steinen, gleich großen Hochlochsteinen mit besseren Wärmedämmeigenschaften oder Vollziegeln zu errichten. Ein zweischaliges Mauerwerk mit Luftschicht bewirkt eine noch bessere Dämmwirkung, jedoch rechtfertigt der Effekt nicht in jedem Fall die Kosten der aufwendigeren Konstruktion.

ELEKTRO- UND SANITÄRLEITUNGEN

Die in einem Altbau vorgefundenen Elektroleitungen, Verteilerkästen etc. genügen hinsichtlich Strombedarf und Sicherheitsstandard meist nicht mehr den heutigen Anforderungen und Sicherheitsvorschriften. Zudem sind die Leitungen oft noch auf Putz verlegt, und die Rohre weisen zu geringe Durchmesser auf. Folglich muß die *Elektrotechnik* normalerweise komplett erneuert werden. Bei der Elektroplanung ist darauf zu achten, daß für die neuen Leitungen, die im allgemeinen unter Putz verlegt werden, die kürzestmöglichen Wege gewählt und durch die Montage der Leitungen keine wertvollen Teile (z. B. Deckenstuckierungen) in Mitleidenschaft gezogen werden. Teilweise greift man auch zu der Methode, in allen Wohnräumen die Installationsrohre (z. B. aus Edelstahl) für Elektro und weitere Funktionen auf Putz zu verlegen. Dies hat den Vorteil, daß keine Eingriffe in die Wände erforderlich sind. Zusätzlich dient diese Technik dazu, die baulichen Veränderungen ablesbar zu halten. Allerdings muß im Einzelfall geprüft werden, ob sich die offene Führung der Leitungen positiv oder negativ auf das Erscheinungsbild der Innenräume auswirkt.

Auch die im Bestand vorhandenen *Wasserleitungen* müssen normalerweise komplett herausgenommen werden. Meist sind sie nicht mehr voll funktionstüchtig, teils weisen sie Undichtigkeiten auf. Wenn sie noch aus Blei bestehen, wie dies häufig der Fall ist, wird der Austausch schon wegen der gesundheitlichen Gefahren zwingend notwendig. Statt dessen baut man Kupferrohre ein, die zur Vermeidung von Wärmeverlusten mit einer guten Dämmung versehen werden müssen.

FENSTER UND TÜREN

Im Normalfall war früher das Wissen um eine wohlproportionierte Anordnung und Einteilung der *Fenster und Türen* vorhanden. Folglich genügt es bei einem im Originalzustand erhaltenen Haus meistens, die vorgefundenen Verhältnisse zu übernehmen. Eine Ausnahme bildet natürlich der Fall, daß in jüngerer Zeit Fenster unsachgemäß verändert bzw. durch unpassende Exemplare ersetzt wurden. Beim Erwerb eines Hauses sind, wenn das Gebäude jüngeren Datums und/oder nicht durch äußere Einflüsse geschädigt ist, aber oft noch viele alte Holzfenster erhalten, die zumindest zum Teil wiederverwendet werden können. Dazu ist es natürlich notwendig, die grundsätzlich intakten Exemplare herauszunehmen, abzuschleifen und teils auch mit neuen Hölzern auszubessern.

Da die Gestaltung der Fenster große Bedeutung für die Gesamterscheinung eines Hauses hat, sollte bei der Auswahl neuer Exemplare mit größter Sorgfalt vorgegangen werden. Auch ein ansonsten gut hergerichtetes Haus kann

42 und 43 Gestalterisch ansprechende und handwerklich gut ausgeführte Holzfenster.

durch die Wahl der falschen Fenster viel von seiner Wirkung einbüßen. Die wichtigsten Kriterien sind das *Material* und die *Einteilung*. Holzfenster, die genau passend zum einzelnen Haus (Wandstärke, historische Konstruktionsweise etc.) gefertigt werden können, sind immer erste Wahl. Holz sieht natürlich und lebendig aus und besitzt hervorragende Eigenschaften hinsichtlich des Feuchtigkeitsaustauschs. Jedoch ist es wichtig, Fenster mehrflügelig auszuführen. Ganzscheibige und ungeteilte Fenster wirken beim Betrachten des Hauses wie Löcher, die Fassade verliert ihre Wirkung. Nur bei sehr kleinen Öffnungen sollten ganzscheibige Fenster eingebaut werden. Sprossen müssen eine konstruktive Funktion haben, nicht nur aufgeklebt oder zwischen Isolierglasscheiben angebracht sein. Die Fensterflügel sollten separat geöffnet werden können. Bei hohen, stehenden Formaten ist der Einbau eines (ggf. separat kippbaren) Oberlichts zu empfehlen.

Kunststoff- und auch Metallfenster – ob mit oder ohne Sprosseneinteilung – sind hinsichtlich aller genannten bauphysikalischen und ästhetischen Aspekte keine gleichwertigen Alternativen. Gestalterisch wirkt sich der Einbau solcher Fenster bei Altbauten oft äußerst nachteilig aus. Die manchmal höheren Kosten von handgefertigten Holzfenstern sollten also als Preis für eine schöne Fassade und eine erfolgreiche Sanierung betrachtet werden. Bei der Art (nicht Qualität!) der Ausführung gibt es dann allerdings immer Einsparmöglichkeiten, die keineswegs auf Kosten der Gestaltung gehen müssen. Zur Wärmedämmung ist in diesem Zusammenhang anzumerken, daß absolut fugendichte Fenster aus Industrieproduktion, deren Fensterprofile meist noch durch Stahlteile verstärkt sind und am Anschluß ausgeschäumt werden, bei wissenschaftlichen Untersuchungen in der Praxis einen größeren Wärmeverlust verursachten als nach alten Handwerkstraditionen gefertigte und eingebaute Holzfenster. Grund dafür ist offenbar, daß bei zu dicht schließenden Fenstern die nötige Frischluftzufuhr und der Wärmeausgleich durch um so längeres Lüften erzielt werden müssen.

Die Fenster wurden früher in der Regel mit einem *Anstrich* versehen, der zum einen auf regionalen Bautraditionen, zum anderen auf dem Farbkonzept des jeweiligen Hauses beruhte. Der am häufigsten verwendete Farbton war seit der Renaissance bzw. dem Barock Weiß. Wenn im Vorfeld der Sanierung eine Farbanalyse erstellt wurde, sind in jedem Fall bereits gute Hinweise für die Anstriche gegeben. Ansonsten besteht eine größere Wahlfreiheit, jedoch sollte immer darauf geachtet werden, daß die gewählten Töne nicht zu knallig und eher hell sind, um eine Abgrenzung zur dunklen Scheibe zu schaffen. Soll der Holzton, der vielleicht besonders schön mit der Farbe des Wandanstrichs zusammenwirkt, sichtbar sein, kann das Holz auch in seinem Naturton belassen werden. Es verfärbt sich dann allerdings (durch Umwandlung des Zelluloseanteils) mit der Zeit gräulich und hat eine höhere Anfälligkeit für Feuchtigkeit und deren Folgeschäden. Insofern ist dazu zu raten, das Holz mit geeigneten, ökologisch verträglichen Mitteln ein-

44 Fensterläden – bei diesen Häusern funktional richtig im Erdgeschoß angebracht – sind schöne Gliederungselemente der Fassaden.

45 Holzrolläden können, wenn bauseitig vorgesehen und so stimmig wie in diesem Fall, durchaus einmal die gestalterisch bessere Wahl sein.

46 Tor einer Durchfahrtsscheune.

zulassen. Vermieden werden sollten glänzende und künstlich wirkende, gelb-, mittel- oder dunkelbraune, lasierende Anstriche. Solche zu rustikal wirkenden Lasuren täuschen Natürlichkeit vor und wurden früher nicht verwendet.

Die Wirkung eines Fensters wird durch die Wahl der richtigen *Fensterbänke* abgerundet. Optimal sind für die meisten alten Häuser Fensterbänke aus Stein (z. B. Kalkstein). Vor allem in ländlichen Gegenden früher noch lange übliche Exemplare aus Holz passen sehr gut zu einfachen Gebäuden, erfordern aber einen hohen Pflegeaufwand und haben eine weit geringere Haltbarkeitsdauer als solche aus Stein. Aluminium- und Kupferbleche sind entweder gestalterisch ungeeignet oder problematisch, da sie zu Wandverfärbungen und Rissebildung an den seitlichen Putzanschlüssen führen können.

Die bei alten Häusern teils noch in ihrer urprünglichen Form vorhandenen *Fensterläden* sollten nach Möglichkeit überarbeitet, neu gestrichen und wieder angebracht werden. Holzläden sorgen zum einen für Sonnen- und Kälteschutz, zum anderen gliedern sie die Fassade. Ein weiterer Vorteil von Fensterläden besteht darin, daß sie Rolläden überflüssig machen, die bei alten Häusern eine grundsätzlich schlechtere optische Wirkung haben und deren Einbau immer einen Eingriff in das Mauerwerk darstellt. Auch der Charakter der gängigen Rolladenmaterialien wie Kunststoff oder Aluminium harmoniert nicht mit denen des übrigen Hauses. Allerdings können in bestimmten Fällen Holzrolläden belassen werden, falls solche zur Erbauungszeit bereits vorhanden waren. Die *Türen* prägen das Erscheinungsbild des ganzen Hauses entscheidend mit. Sie können einladen, aber – bei mißlungener Ausführung – auch abschrecken. Außentüren gliedern die Fassade und müssen mit Fenstern und anderen Bauelementen harmonieren. Innentüren sind wichtige Bestandteile der Wohnräume. Hinsichtlich der Gestaltung gelten viele der für Fenster gegebenen Hinweise ebenfalls. Allerdings können die bei alten Häusern meist besonders reich gestalteten Eingangstüren durchaus farblich gegenüber den Fenstern abgegrenzt werden. Weiße Anstriche waren hier historisch eher die Ausnahme.

Bei alten Fenstern und Türen müssen oft die zugehörigen *Bänder, Beschläge und Griffe* ersetzt werden, jedoch findet man meist auch Kunstschmiede oder -schlosser, die die noch brauchbaren Stücke fachgerecht restaurieren können. Sind die alten Exemplare nicht mehr zu gebrauchen oder nicht mehr vorhanden, können diese nach den alten Vorbildern neu angefertigt werden. Diese Lösung empfiehlt sich insbesondere dann, wenn der Großteil der alten Fenster und Türen weiterverwendet werden kann. Die Alternative sind neue Beschläge und Griffe nach modernen Gestaltungsprinzipien, die immer klare und einfache Formen aufweisen sollten. Teils erfüllen auch industriell gefertigte Exemplare diese Voraussetzungen. Historisierende, gestalterisch mißlungene Nachbildungen alter Formen, die womöglich noch mit künstlicher Patina versehen sind, passen jedoch sicherlich nicht zur Qualität eines alten Hauses.

47 Die maroden Teile dieses Holztors wurden durch Neuexemplare ersetzt. Die eingesetzten Hölzer dunkeln im Lauf der Zeit nach.

48 Schöne alte Eingangstüren erhält man gerne.

49 Wo, wie bei dieser ehemaligen Scheune, die Türen ganz neu eingebracht werden müssen, kann man sich für gute moderne Lösungen entscheiden.

50 Türgriff und -beschlag in einem sanierten Altbau (Berlin-Köpenick).

PUTZ UND VERSCHALUNG

Für alte Häuser sollte *Kalkputz* verwendet werden. Unter Umständen kann zur Verbesserung der Haltbarkeit ein geringer Anteil Zement beigemischt werden. Der Putz sollte in mehreren Schichten aufgetragen werden. Oft empfiehlt sich die Aufbringung eines Putzgitters, um die Haftung zu verbessern. Des weiteren besteht die Möglichkeit, einen Wärmedämmputz aufzutragen. Dies gilt allerdings nur dann, wenn zu dünnes Mauerwerk in seiner Stärke belassen werden soll. Kunststoffputze und reine Zementputze sind abzulehnen, da sie den Luft- und Feuchtigkeitsaustausch behindern und die dahinterliegenden Wände in Mitleidenschaft ziehen. Ferner passen sie weder zur Forderung nach historischer Gestaltung, noch verleihen sie den Fassaden die gewünschte natürliche Wirkung. Der Putz sollte nicht als pseudomoderner Kellenputz oder mit ähnlichen Techniken bearbeitet werden. Vielmehr empfiehlt es sich, ihn nur von Hand abzuziehen und zu glätten. Damit erhält er seine charakteristische, leicht rauhe und lebendige Oberflächenstruktur. Wenn der eigentlich reinweiße Putz zusätzlich eingefärbt werden soll, können ihm Farbpigmente beigegeben werden, wodurch sich sehr schöne Abtönungen erzielen lassen.

Die *Verschalung* mit Brettern oder Holzschindeln ist eine andere Möglichkeit, die Fassade normaler Wohngebäude zu gestalten, was außerdem auch eine Außendämmung ermöglicht. Wo Verschalungen oder Verschindelungen traditionell üblich sind, so in Teilen des Alpenraums, empfehlen sie sich ohnehin oft schon aus denkmalpflegerischen Gründen. Aber auch wenn die Verschalung historisch unüblich war, können gestalterische Gründe dies beim sanierten Haus durchaus einmal rechtfertigen, so etwa dann, wenn verschiedene Bauphasen oder Bauweisen voneinander abgegrenzt werden sollen. Eine Verschalung mit Kunststoff, Faserplatten und ähnlichen Materialien kommt bei der Sanierung schon aus ästhetischen Gründen nicht in Frage.

Gestaltungs- und Gliederungselemente an den Fassaden (z. B. Gesimse, Fensterumrandungen) erzählen von regionalen Bautraditionen und Stilepochen. Sie geben dem Haus zusammen mit den Fenstern und Türen sein unverwechselbares Gesicht. Die Fassaden ebenso wie die Decken und Wände der Innenräume bedeutenderer, repräsentativer Gebäude wurden oft *stuckiert*. Besonders häufig finden sich Stuckierungen in Gebäuden, die in der schmuckverliebten Epoche des Historismus (primär in der zweiten Hälfte des 19. Jahrhunderts) entstanden. Aber auch spätere Epochen wie der Jugendstil bedienten sich gern dieser Technik. Die fachgerechte Sicherung und Wiederherstellung von Stuckelementen gehören zu den anspruchsvollsten Aufgaben in der Altbausanierung.

51 Typische, durch falsche Zusammensetzung (Zementputz) und Wandfeuchtigkeit verursachte Putzschäden.

52 Kalkputz kommt besonders bei Sonnenschein sehr gut zur Geltung.

53 Die Holzverschalung dient bei diesem Bauernhof im Bregenzer Wald dazu, den neu ausgebauten Stallbereich vom alten, verschindelten Wohnbereich abzugrenzen. Das Gebäude wurde vom Architekten zusammen mit dem zuständigen Vorarlberger Landeskonservatorat vorbildlich überplant.

54–56 Eine Stuckdecke vor Beginn, während und nach Abschluß der Restaurierungsarbeiten. Die Arbeiten wurden vom Team Thomas Ehrig und Robert Uelze (Dresden) durchgeführt.

WANDANSTRICHE

Teils wird von Denkmalpflegern, Farbberatern und Maler zusammen mit Eigentümer und Planer ein neues, zum alten Gebäude passendes *Farbkonzept* entwickelt. Wenn keine denkmalpflegerischen Gründe oder Farbbefunde dem entgegenstehen, kann die Spannbreite der Wahlmöglichkeiten ruhig auch einmal über die oft empfohlenen Erdtöne hinausgehen. Insbesondere bei seit Ende des 19. Jahrhunderts entstandenen privaten Gebäuden liegt es nahe, sich in geeigneten Fällen für Farbtöne und Farbkonzepte mit den Farben Blau, Violett, Rot und Grün zu entscheiden, die natürlich den richtigen Grad der Abtönung und die richtige Qualität aufweisen müssen, um nicht den Eindruck »schreiender« Farben zu erhalten. Schließlich will man ja auch selbst sein Haus nach einem Jahr noch anschauen können!

Die Zusammensetzung der Farbe kann differieren, jedoch sollten keine Kunststoffarben verwendet werden, da diese sich nicht mit dem Kalkputz vertragen und den Luft- und Feuchtigkeitsaustausch erschweren. Neben einem fast immer passenden weißen Kalkkaseinanstrich können handelsübliche, möglichst schadstoffarme (Bio-)Mineralfarben verwendet oder selbst Pigmentfarben hergestellt werden. Allerdings müssen hier die Bestandteile genau stimmen, um keine Farbablösungen zu verursachen. Die Farbtöne sollten immer sorgsam gemischt und auf kleineren Partien ausprobiert werden.

57 Gut gewählter Wandanstrich (mit Putzornament).

58 und 59 Eine Fassadenbemalung aus der Zeit der Renaissance (1594) wird erneuert.

BÖDEN, BELÄGE UND DECKEN

60 und 61 Maurermeister Dimas Saitel bei der Verlegung des Bodenunterbaus (Ziegelschrot, Ziegelsteine, darüber verschweißte Bitumenpappen).

Oberhalb der Fundamente unter dem aufsteigenden Mauerwerk fehlt bei den meisten alten Gebäuden, insbesondere aber bei nahezu allen Bauernhäusern, eine nach unten abdichtende Sperrschicht. Zusätzlich sind die Böden häufig durch Feuchtigkeit geschädigt und können deshalb nicht erhalten werden. Der Kellerboden besteht sehr oft nur aus gestampftem Lehm.

Für den *Bodenaufbau* gibt es verschiedene Varianten, die auch vom Vorhandensein eines Kellers abhängen. Bei fehlender Unterkellerung müssen in jedem Fall eine Betonsohle und eine Sperre – z. B. aus verschweißten Bitumenbahnen – eingezogen werden, auf die dann die Dämmschicht und die eigentliche spezifische Bodenkonstruktion folgen. Teils wird für den Unterbau feuchtigkeitsbindender Ziegelschrot in Verbindung mit Ziegelsteinen verwendet. Auch bei den Bodenkonstruktionen, die zwischen bzw. auf Balken montiert werden, gibt es eine Fülle unterschiedlicher Varianten und Kombinationen. Die Entscheidung hängt nicht zuletzt davon ab, welchen Anspruch man an die Schall- und Wärmedämmung stellt.

62 und 63 Zwei Varianten von Bodenbelägen: Mehrfarbiges Parkett oder Tonfliesen.

Bei vorhandenem Klinker- oder Natursteinbelag ist es meistens möglich, die Platten nach der Einbringung des neuen Bodenaufbaus wieder einzubauen. Auch Holzböden können, wenn sie nicht durch Feuchtigkeit geschädigt sind, nach entsprechender Behandlung weiterverwendet werden.

Für welche neuen *Bodenbeläg*e man sich entscheidet, hängt natürlich vor allem vom persönlichen Geschmack und Einrichtungsstil ab. Gerade beim alten Haus geht es aber natürlich auch um die Harmonie mit den bestehenden Bauteilen und Materialien, die sehr stark von der Gestaltung, der Stilepoche und der Ausstattung des einzelnen Gebäudes abhängen. Allgemein sollten Naturmaterialien bevorzugt werden. Baubiologische Faktoren können ein weiteres Argument für die Belagswahl sein. So geben etwa bestimmte Natursteine wie der besonders feste und widerstandsfähige Granit geringe radioaktive Strahlung ab, während dies etwa beim Fränkischen Jurakalk nicht der Fall ist. Daneben sind hier die einzubauenden Heizungssysteme zu berücksichtigen. So ist es etwa problematisch, auf eine Fußbodenheizung Parkett zu verlegen, denn die Wärmeentwicklung kann besonders bei unverklebtem, schwimmend verlegtem Parkett zur Bildung großer Fugen und Hebungen führen.

Bestehende intakte *Holzdecken* gehören belassen und restauriert. Einschübe, Untersichtschalungen und Kassetten können allerdings zwischenzeitig heruntergenommen werden, um die Deckenkonstruktion bzw. den darüberliegenden Bodenaufbau zu erneuern. Teils werden Decken im Hinblick auf eine größere Wohnqualität gehoben. Jedoch sollte man dies nur bei sehr geringen Raumhöhen in Erwägung ziehen, um das Erscheinungsbild der Räume weitestgehend zu erhalten.

NEUE INNENWÄNDE UND TREPPEN

Sollen zusätzliche Räume entstehen, bietet sich die preisgünstige Möglichkeit an, dies mittels *Leichtbauwänden* zu erreichen. Hierzu werden meist Holz- oder Metalleichtkonstruktionen aufgestellt, die dann gedämmt, mit Leistungen versehen und (z. B. mit Gipsfaserplatten) verschalt werden. Bei Wohnungstrennwänden ist eine solche Konstruktion aus Gründen des Feuerschutzes und der Schalldämmung nicht zulässig.

Vorhandene alte *Treppen* stellen eigentlich immer eine Bereicherung für das Haus dar. Meist können sie erhalten und wiederhergerichtet werden. Häufig sind abgenutzte Trittstufen, Geländer und Handläufe zu überarbeiten. Können aber die vorhandenen Exemplare nicht mehr gehalten werden oder handelt es sich um wenig wertvolle bzw. falsch eingebaute Treppen aus jüngerer Zeit, muß für Ersatz gesorgt werden. Was die Konstruktion, Materialien und Formgebung angeht, so sind hier je nach Haus und Räumlichkeiten verschiedene Möglichkeiten gegeben, aber es sollten einfache und damit preiswerte Konstruktionen bevorzugt werden. Wendeltreppen fügen sich nicht immer gut in den Bestand ein und erweisen sich oft als unpraktisch – so etwa beim Transportieren sperriger Gegenstände. Bei der Ausführung der Treppen nach den vom Architekten gefertigten Detailzeichnungen ist der sanierungserfahrene Handwerksbetrieb der »natürliche Partner«.

ANBAUTEN

Wenn man die historische Bausubstanz weitestgehend bewahren will, aber gleichzeitig zusätzlicher Raumbedarf und neue Nutzungsansprüche vorliegen, stellt sich die Frage nach den Alternativen. Neben dem bereits thematisierten Ausbau des Dachbereichs kann man auch die Fläche durch Zusatz- oder Anbauten erweitern. Für die hier denkbaren Nutzungsvarianten – Wohnräume, Werkstätte, Garagen etc. – findet sich bei den einzelnen *Beispielobjekten* eine Reihe nachahmenswerter Vorbilder.

Das Vorhaben, alte Häuser mit neuen Gebäuden zu erweitern, erfordert ein sehr bewußt auf den Bestand eingehendes architektonisches Konzept. Die Qualität des Altbaus hinsichtlich äußerer Gestalt, Materialien und Bauweise muß sich auch an den Neubauten ablesen lassen. Dies bedeutet nicht, daß blind »abgekupfert« wird, sondern daß sich die Gebäude gegenseitig ihre Wirkung belassen und gleichzeitig spannende Kontraste schaffen. In keinem Fall sollte sich das Neue plump in den Vordergrund spielen.

Falls es im Bestand Balkone, Erker oder Windfänge gibt, sind diese natürlich zu bewahren. Allerdings waren insbesondere Balkone nur in bestimmten Gegenden üblich. Sollen sie neu angebracht werden, müssen sie zurückhaltend und einfach sein, ihre Gestaltung und Gliederung sind genau auf das Haus abzustimmen.

64 Selbst bei solch stattlichen Wohnhäusern wie hier in Dornbirn/ Vorarlberg (saniert mit Unterstützung des Landeskonservatorats) sind Balkone und Vordächer bescheiden dimensioniert.

65 Einfach und handwerklich gut konstruiertes Vordach.

AUSSTATTUNG UND INNENEINRICHTUNG

Der persönliche Stil und Geschmack bestimmen natürlich schon die Entscheidung für den Kauf eines Hauses. Die *Einrichtung*, die letztlich gewählt wird, ist in noch viel stärkerem Maß von der subjektiven Einstellung zu Wohnstilen und Ausstattungsdetails abhängig. Letztlich kommt es vor allem darauf an, in welchem gestalterischen Umfeld, mit welcher Einrichtung man sich wohlfühlt. Insofern können auch für das alte Haus keine festen Richtlinien aufgestellt werden. Wichtig erscheint es aber, den Charakter der Innenausstattung an dem des Hauses zu orientieren. Es ist dazu selbstverständlich nicht nötig, einen bestimmten Baustil auch durch die Ausstattung mit Mobiliar und Gegenständen aus derselben Epoche durchzuhalten. Vielmehr geht es darum, das Wesen des Hauses zu bewahren und zu interpretieren. In Bauweise und erhaltenen Einrichtungsstücken von Einfachheit geprägte Innenräume bieten sich förmlich an, um mit moderner Kunst und modernem Design kombiniert zu werden. So kann etwa eine abstrakte, aus Stahl gefertigte Skulptur in einem Bauernhaus in einen schönen Dialog mit altem Mobiliar treten. Um kein stilistisches Sammelsurium entstehen zu lassen, muß man sich natürlich viel Zeit nehmen, sorgfältig planen, ausprobieren und immer wieder umstellen.

66 und 67 Sanierte Altbauten eröffnen viele anregende Innenansichten und Raumeindrücke.

GARTEN UND AUSSENANLAGEN

So unterschiedlich die alten Häuser selbst sind, so unterschiedlich ist auch der zugehörige *Außenbereich.* Während bei manchen Stadthäusern wenig oder kein Grund dazugehört, besitzen andere schöne Innenhöfe und sogar Gartenparzellen, ehemals vorstädtische Gebäude haben teils Gärten mit 1000 qm oder mehr. Da aber das Umfeld immer das Haus und dessen Charakter aufnehmen und widerspiegeln sollte, ist bei der Gestaltung der Außenanlagen auf die Harmonie mit dem Gebäude zu achten. Die um das Haus und zum Garten führenden Wege, Sitzplätze oder Innenhöfe können entsiegelt und mit natürlichen Materialien (keine Betonsteine!) gepflastert werden. Ferner sollten die Steine auf Sand oder Split verlegt und die Fugen mit Sand verfüllt werden. Damit erreicht man eine im Material zum Gebäude passende Gestaltung und gewährleistet zusätzlich, daß das Niederschlagswasser versickern kann. Als Pflastermaterialien gibt es eine Vielzahl angebotener Produkte, die unterschiedliche stoffliche Eigenschaften aufweisen. Wegen seiner Härte und Widerstandsfähigkeit gern verwendet wird der Granit, der je nach Fläche teils als Groß-, teils als Kleinsteinpflaster verlegt wird. Die verschiedenen Größen sind sowohl mit rauher als auch mit polierter Oberfläche im Handel. Ferner können für Pflaster im Außenbereich auch frostharte Terrakotta-Fliesen verwendet werden, die mit ihrem warmen Rotton besonders gut zu weißem Kalkanstrich passen. Neben den genannten existiert natürlich eine große Anzahl weiterer Belagsarten, die auch in den unterschiedlichsten Mustern verlegt werden können. Ferner können Wege auch als wassergebundene Decken ausgeführt werden, die offen, aber doch absolut trittfest sind. Hierfür spricht meist nicht zuletzt der Kostenvorteil.

Wenn ein Bereich als Garten gestaltet werden kann, hat man viele Wahlmöglichkeiten. Falls einmal eine Gartenanlage vorlag – was meist nur bei Häusern wohlhabenderer Eigentümer der Fall war –, kann man versuchen, Informationen über den vormaligen Zustand einzuholen, um eine historische Rekonstruktion zu wagen. Bleiben allerdings diese Initiativen erfolglos und gibt der Garten selbst auch nur wenig Auskünfte über sein früheres Aussehen, oder war schlicht nie die bewußte Gartenanlage vorhanden, so muß ganz neu geplant werden. Zunächst kann ein schön verwilderter Garten natürlich belassen oder nach Ende der Bauarbeiten teilweise mit zusätzlichen Pflanzen, Wegen, Teichen und anderen Gestaltungselementen ergänzt werden. Es können aber auch reine Spielgärten, kunstvoll gestaltete und beschnittene Parterres, Anlagen mit Staudenrabatten oder Bauerngärten entstehen. Der Phantasie und den persönlichen Wünschen sind nur insofern Grenzen gesetzt, als der Gartentyp etwas mit dem Charakter des Hauses und seiner Umgebung zu tun haben sollte.

68 Pflanzen (hier rosa- und hellorangefarbene Rosen) bereichern die Hausfassade.

69 Die Farben des Hauses und der Blüten sollten so gut miteinander harmonieren wie in diesem Fall.

70 Granit-Großsteinpflaster

DIE BEISPIELOBJEKTE

I Aus zwei mach eins: Ein ehemaliges Doppelhaus von 1932

DAS OBJEKT

Hinter einer Lindenallee im schwäbischen Stadtbergen befindet sich etwas vom Straßenraum zurückgesetzt ein stattliches Wohnhaus, das viele Betrachter sicherlich als alte herrschaftliche Villa ansehen würden. Daß es sich hier um ein ehemaliges Doppelhaus handelt, ist erst dem zweiten, geschulten Blick zugänglich. Der villenartige Eindruck verdankt sich der beachtlichen Größe, dem bei repräsentativen Wohnbauten des 19./20. Jahrhunderts oft zu findenden Walmdach, den hohen Fensterformaten und der regelmäßigen Fassadengestaltung. Die Architektursprache ist von eindeutigen klaren Formen und Symmetrien geprägt, die sich besonders schön an der straßenzugewandten Nordfassade ablesen lassen. Vor allem der hier angebaute, die Fassade nochmals untergliedernde Windfang zieht den Blick des Betrachters auf sich. Ein Balkon mit schmiedeeisernem Brüstungsgitter krönt den Vorbau.

71 Die Straßenfassade des Hauses nach Abschluß der Sanierung.

Das 1932 erbaute Doppelhaus diente von Anfang an ausschließlich der Wohnnutzung. Die beiden Gebäudeteile waren bis zum Erwerb durch die Familie Ostermann getrennte Einheiten, die Grundrisse blieben nahezu unverändert. Ebensowenig waren die Gesamtwirkung störende Veränderungen an der Fassade, Anbauten oder andere die Substanz zerstörende Eingriffe vorgenommen worden. Deshalb lag hier beim Erwerb des Doppelhauses Anfang der 80er Jahre der günstige Fall vor, daß keine aufwendigen Rückbauten in den Originalzustand nötig waren. Sowohl die Außenfassaden als auch die bestehende Substanz im Innern wurden im Grunde nur saniert, die einzige größere Veränderung stellte der Ausbau des Dachbereichs dar. Neben zwei Garagen kam ein Anbau an der Südseite hinzu, dessen Dach als Freiterrasse konzipiert ist. Darunter befindet sich das Architekturbüro von Franz Ostermann.

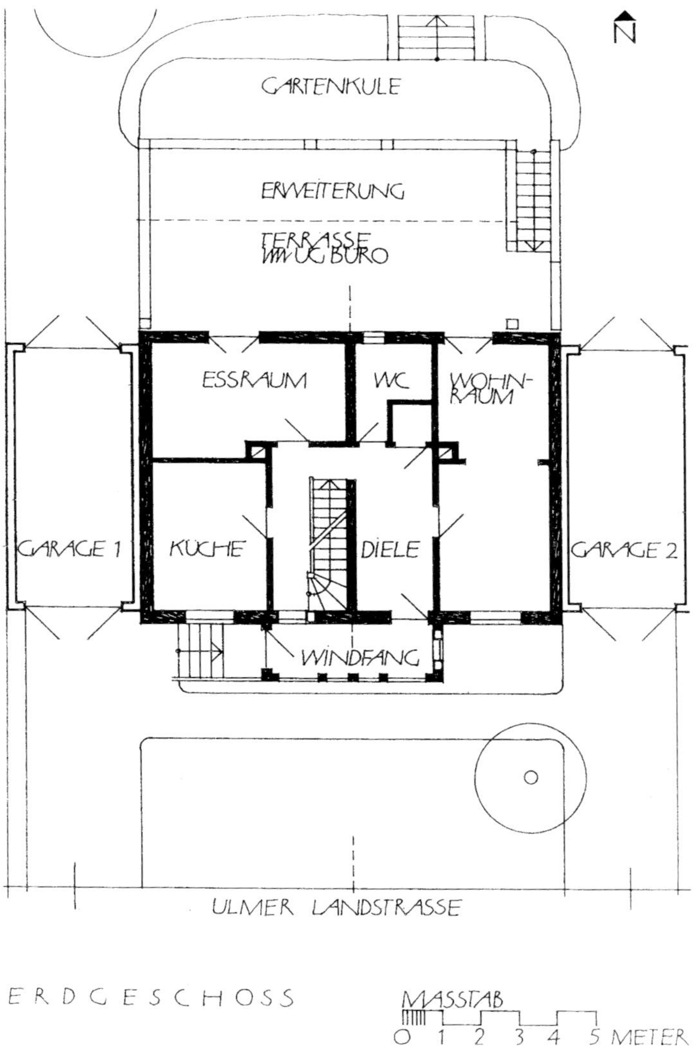

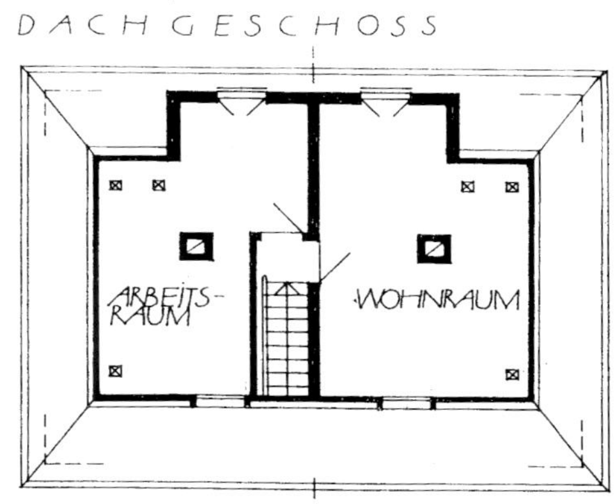

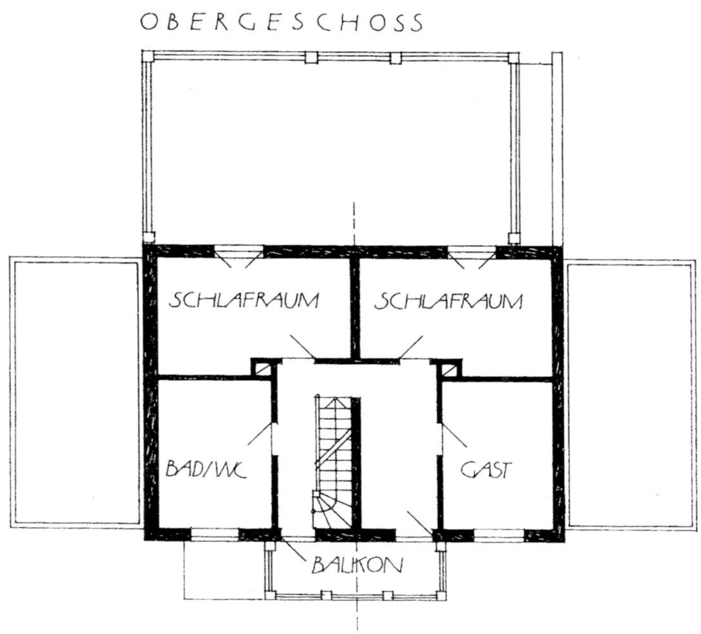

72–74 Grundrisse M 1:200

DIE SANIERUNGSVORBEREITUNG UND -PLANUNG

Erwerb

Der Erwerb der ersten Doppelhaushälfte im Herbst 1980 lief recht spontan ab: Silvia Ostermann hatte sich das Anwesen, auf das die Familie von einem Freund hingewiesen worden war, angesehen und war von ihm begeistert. Da zudem der Kaufpreis mit DM 70.000,– einschließlich Grund sehr niedrig lag, fiel die Entscheidung für den Erwerb bereits nach einem kurzen Telefonat mit dem Ehemann. Man entschloß sich dazu, trotz des noch recht bescheidenen Komforts sofort in das damals noch recht mitgenommen aussehende Haus einzuziehen. Mit der Sanierung dieser ersten Doppelhaushälfte wurde sofort nach dem Einzug 1980 begonnen. Drei Jahre später ergriff man dann die Gelegenheit, auch die zweite Hälfte des Gebäudes zu erwerben. Der Preis hierfür lag mit DM 92.000,– inklusive Grundstück wiederum sehr niedrig. Insgesamt war man damit also für nur DM 162.000,– in den Besitz eines sehr schönen und stattlichen Hauses mit etwa 650 qm Garten gekommen (Gesamtgröße Grundstück ca. 750 qm).

Vom Konzept zur Auftragsvergabe

Aufgrund der Tatsache, daß das Gebäude weder schwere Bauschäden noch viele kunsthistorisch zu sichernde Ausstattungsdetails aufwies, Franz Ostermann seit Jahren Erfahrung in der Sanierung gesammelt hatte und während der Bauausführung praktisch ständig vor Ort war, konnte in diesem Fall auf eingehendere Bestands- und Befunduntersuchungen verzichtet werden.

Das Sanierungskonzept sah vor, die Fassade und die Innenräume soweit als möglich zu belassen und keine »modernisierenden« Elemente einzubringen. Vielmehr sollte die alte Substanz sichtbar und erlebbar gehalten werden. Der zusätzliche Raumbedarf zum Wohnen sollte in der Hauptsache durch den Ausbau des (bisher nur teilgenutzten) Dachbodens, die für das Büro Franz Ostermanns benötigte Fläche durch einen gestalterisch zum Haus passenden Anbau bereitgestellt werden.

Detailzeichnungen (im Maßstab 1:50) wurden für die Fenster angefertigt.

Die Tatsache, daß man im Haus wohnend eine »Schritt-für-Schritt-Sanierung« durchführen konnte, erwies sich auch in finanzieller Hinsicht als günstig, da so die notwendigen Investitionen über einen längeren Zeitraum gestreckt werden konnten. Alles in allem bewegten sich letztlich die Gesamtsanierungskosten, die wegen der längeren Dauer des Sanierungsprozesses nicht ganz exakt gefaßt werden können, in einem Rahmen von ca. DM 300.000,– (ohne Eigenleistung). Angesichts des hier eingeschlossenen, nicht durch Bauschäden bedingten Dachausbaus und der heutigen Gesamtfläche von etwa 250 qm (davon 180 qm Wohnen, 70 qm Büro) muß die investierte Summe als recht niedrig bezeichnet werden (Sanierungs- und Umbaukosten pro qm damit ca. DM 1200,–).

75 Zustand des Gebäudes zur Zeit des Erwerbs.

Die Baueingabe für die wenigen genehmigungspflichtigen Arbeiten wurde im Januar 1986 eingereicht. Die weitere Planung konnte wegen der großzügigen Zeiteinteilung nach und nach gemacht werden, viele Entscheidungen traf Franz Ostermann auch spontan zu gegebener Zeit.

Auf eine Ausschreibung wurde verzichtet. Statt dessen erhielten sanierungserfahrene Handwerker, mit denen Franz Ostermann bereits des öfteren zusammengearbeitet hatte und deren Sachkompetenz ihm bekannt war, die Aufträge für die anfallenden Arbeiten. Daneben arbeiteten die Ostermanns selbst intensiv auf der Baustelle mit. Bei besonders aufwendigen Arbeiten wie etwa am Dachstuhl halfen Freunde aus.

76 Die alten Dachziegel werden abgedeckt.

DIE PRAKTISCHE SANIERUNG

Grundmauern und Feuchtigkeitsschutz

Die Fundamente auf der Südseite des Hauses mußten verstärkt werden, da sich dort früher eine undicht gewordene Klärgrube befunden hatte und der vorgesehene Anbau eine höhere Auflagelast mit sich brachte. Ferner schützte man die Grundmauern durch das Anbringen von Dichtungsmatten gegen eindringende Bodenfeuchtigkeit. Auf eine Dränage wurde verzichtet. Der direkt südlich des Büroanbaus eingebrachte Sickerschacht nimmt das vom Garten Richtung Haus abfließende Wasser auf. Ansonsten waren die Außenmauern nicht durchfeuchtet und auch nicht weiter sanierungsbedürftig.

Dacharbeiten und Dachausbau

Der Dachstuhl war im Grunde zwar noch völlig intakt, jedoch machte der vorgesehene Dachausbau in diesem Bereich umfassende Arbeiten notwendig. Man nahm deshalb den gesamten Dachstuhl herunter und baute das Sparrendach neu auf. Jedoch konnten sämtliche (!) Sparren wiederverwendet werden. Auf die Oberkante der Sparren wurde die Dämmungsschicht aufgebracht. Zwischen zwei regensichere, nicht mit Giftstoffen belastete Platten im Format 2 x 3 m aus Pavatex in der Stärke von ca. 2 cm kam die Dämmschicht aus Zellulosematerial. Die Pavatex-Platten bestehen aus gehäckseltem Holz, das im eigenen Saft aufbereitet und dann gepreßt wird. Die Dachdeckung besteht aus roten Biberschwanz-Tonplatten.

Da man die geschlossene Dachwirkung soweit als möglich beibehalten wollte, beließ man es auf der nördlichen Straßenseite bei zwei kleinen Dreiecksgauben, die an denselben Stellen und in den gleichen Abmessungen wie zuvor eingebaut und verblecht wurden. Auch auf der Südseite behielt man die vorgefundene Gestaltung weitgehend bei. Die bereits vorhandene, mit zwei Fensteröffnungen versehene Gaube wurde lediglich um zwei Steine erhöht und mit einer Hinterlüftung versehen. Das Flachdach der Gaube ersetzte man durch ein Satteldach mit dem extrem geringen Neigungswinkel von ca. 3%, auf dem zwei bescheiden dimensionierte, von unten nicht sichtbare Dachflächenfenster angebracht wurden. Auch die zwei eingebauten Sprossentüren, die für eine optimale Belichtung des Dach-Wohnzimmers sorgen, passen bestens zum Format und zum Charakter der großen Gaube. Als weiterer gestalterischer »Kunstgriff« wurde im Dachgiebel zwischen Aufenthaltszimmer und Treppenhaus eine Glasscheibe eingesetzt, um die Südsonne bestmöglich auszunutzen. Statt der alten Regenrinnen montierte man gängige Neuexemplare aus Kupfer.

◁ 77–79 Die Pavatex-Platten werden zurechtgesägt und montiert.

81 Fertig gedecktes Dach mit neu verblechten Dreiecksgauben.

82 und 83 Der Dachbereich vor und nach dem Ausbau.

◁ 80 Die Dachlattung ist aufgebracht, nun wird mit neuen Biberschwanzziegeln gedeckt.

Kamine und Heizungsanlage

Die völlig versotteten Kamine mußten abgebrochen und durch einen neuen Schornstein mit zwei Zügen ersetzt werden. Zur Wärmeerzeugung für die Zentralheizung wurde zunächst eine Grundwasserwärmepumpe eingebaut, die prinzipiell den Heizbedarf voll deckte. Jedoch kam es aufgrund des in diesem Gebiet absinkenden Grundwasserspiegels, der durch Gewässerregulierungen hervorgerufen worden war, zu Funktionsproblemen und zum Versanden. Daraufhin entschied man sich für eine Gaszentralheizung, die an das öffentliche Gasnetz angeschlossen ist. Die erzeugte Wärme wird teils über eine in Estrich verlegte Fußbodenheizung, teils über Radiatoren abgegeben. Zusätzlich befindet sich im Erdgeschoß ein Kachelofen, der aus einem abgerissenen Patrizierhaus in Steyr stammt. Das Dachgeschoß, so auch das dort untergebrachte »Zweit-Wohnzimmer«, wird mit eisernen Kaminöfen beheizt.

Maurerarbeiten am Bestand

Die bestehenden Grundrisse und Wände wurden zum größten Teil in ihrem ursprünglichen Zustand belassen. Die nunmehrige Gesamtnutzung der früher getrennten Gebäudehälften machte aber natürlich an einigen Stellen Anpassungsmaßnahmen erforderlich. So brachte man an drei Stellen neue Türöffnungen ein, wodurch die notwendige Verbindung der beiden Gebäudehälften hergestellt wurde. Im Erdgeschoß entfernte man eine kleine Trennwand, um die ehemalige zweite Küche und ein Aufenthaltszimmer zum Wohnzimmer zusammenfassen zu können. Damit verbesserten sich nicht nur der Wohnwert und der Raumeindruck, sondern auch die natürliche Belichtung der Räume entscheidend.

84 Die Leitungen werden verlegt und die Heizkörper montiert.

Anbauten

Da sich das natürliche Geländeniveau vom Eingangsbereich nach hinten deutlich absenkt, war es möglich, einen südlichen Anbau zu verwirklichen. Dazu mußte die bestehende Terrasse um etwa 2,5 m nach Süden erweitert werden. Von dem unter der Terrasse liegenden, vom Keller her zugänglichen Büroraum hat man direkten Zugang zum Garten. Die Fensterfronten sind mit Holzsprossen unterteilt und passen optisch gut zum übrigen Haus. Die Terrasse kann von Wohnzimmer und Küche aus ebenerdig betreten werden. Das schmiedeeiserne Brüstungsgitter stammt aus der französischen Schweiz. Anders als bei den alten geschwungenen, dem Stil der frühen 30er Jahre entsprechenden Ausführungen dominieren nun gerade Formen, die aber von wunderschönen Pflanzenornamenten durchbrochen sind.

Zur Unterbringung der beiden Autos wurden auf der West- und Ostseite zwei Einfachgaragen in Massivziegelbauweise angefügt, die mit braun gestrichenen Holztoren versehen sind. Die Flachdächer der Garagen schaffen eine bewußte Abgrenzung zum alten Haus, der Grasbewuchs (Marke »Eigenkomposition«) sorgt für einen visuell sanften Übergang zum südlich anschließenden Gartenbereich.

Fenster und Türen

Die Fenster waren teils marode, viele Fensterstöcke am Blech verfault. Zugehörige Winterfenster waren kaum vorhanden. Die Formate und die Einteilung der statt dessen eingebauten Exemplare entsprechen weitgehend den alten Verhältnissen, jedoch weisen die neuen Fenster nun keine Kämpfer mehr auf. Die Bänder, Beschläge und Griffe stammen aus industrieller Produktion. Das Treppenhausfenster im Erdgeschoß blieb in der Größe gleich, erhielt aber ein farbiges Jugendstilglas, das die Ostermanns auf einem Flohmarkt in der Schweiz gefunden hatten.

Anstelle der vorhandenen Eingangstüre baute man eine neue, sechsfeldrige Kassettentüre aus Oregonholz ein, das besonders harzarm ist. Die übrigen alten, dreifeldrigen Massivholztüren wurden großenteils abgelaugt, mit Füllungen und profilierten Leisten versehen und schließlich wieder an denselben Stellen eingehängt. Drei Türen – im Bad des ersten Obergeschosses, in der Küche und im Keller – tauschte man gegen neu hergestellte Glastüren aus Lärchenholz mit alten Ätzglasscheiben aus.

Alle Fenster und Türen erhielten einen dunkelbraunen Anstrich (auf Basis von ätherischen Ölen und Firnis). Auf oft verwendete Dickschicht-Lasuren wurde bewußt verzichtet.

85 Neu aufgemauerter Büroanbau mit Terrasse.

86 Durch das Auspumpen und Auffüllen der alten Klärgrube hatten sich an dieser Stelle Risse in der Wand gebildet. Sie wurden mit Trockenzement ausgefüllt und -gekeilt.

87 Die neuen Fenster werden eingebaut.

88 Die Fassade nach der Sanierung.

Putzarbeiten und Anstriche

89 Ein Freund der Familie entfernt den alten Außenputz mit dem Kompressor.

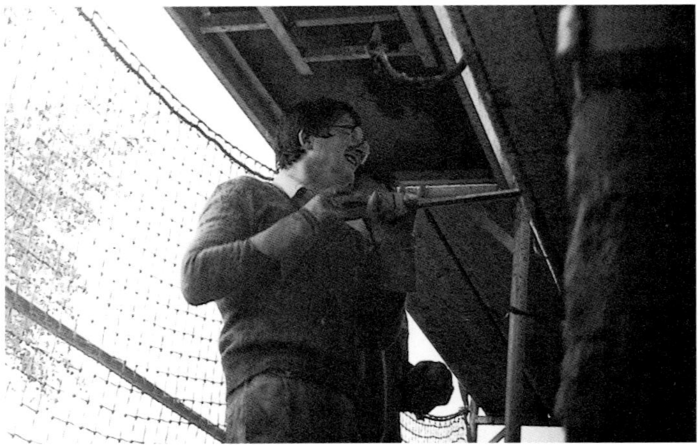

Der vor Sanierungsbeginn vorhandene Außenputz war durch die aufgetragene Dispersionsfarbe zerstört und mußte daher vollkommen erneuert werden. Hierfür kam normaler Kalk-Zement-Putz zur Verwendung. Der geringe Zementanteil dient der besseren Haltbarkeit und Langlebigkeit des Verputzes. Nach dem Auftragen wurde der Putz von Hand glattgestrichen und abgezogen. Der Innenputz zeigte sich demgegenüber fast völlig intakt und mußte nur an wenigen Stellen ausgebessert werden – auch dies ein Zeichen dafür, daß keine Wandfeuchtigkeit vorhanden war.

Die Außenfassaden und Wände wurden mit rein mineralischen Farben (der Fa. Keim) gestrichen. Der von den Bauherren für außen gewählte und selbst angemischte, lichtblaue Ton entfaltet in Abhängigkeit von der Sonneneinstrahlung ganz unterschiedliche Wirkungen. Manchmal wirkt er fast weiß. An den Wänden und Decken der Innenräume wurde reinweiße mineralische Farbe aufgetragen.

Böden und Beläge

Der Bodenaufbau wurde dort, wo eine Fußbodenheizung geplant war, komplett erneuert. Auf den mit Steinwolle gefüllten Fehlboden folgen die Schalung, die Abdichtung und der Heizestrich. Die alten Dielenböden nahm man teils wegen Schadhaftigkeit heraus, teils verblieben sie als Bodenunterbau und wurden überdeckt. Als Belagsmaterial in den Räumen des Erdgeschosses und den Bädern fiel die Wahl auf Steinboden aus grau-blauem, gebändertem Jurakalk (heutiger Preis je verlegtem qm ca. DM 220,– bis 250,–). In den übrigen Zimmern wurde Fertigparkett schwimmend verlegt, wobei man im ersten und zweiten Stockwerk Lärchen-, im Dachgeschoß Eichenparkett verwendete.

90 Der rein mineralische Außenanstrich erscheint teils lichtblau, teils weiß.

92 Das Fenster neben der Treppe im Erdgeschoß zieht die Blicke auf sich. ▷ ▷

93 Die Türe mit alten Ätzglasscheiben verleiht dem Treppenhaus im Obergeschoß Stil. ▷ ▷

91 Der Wohnraum im Erdgeschoß. Die Inneneinrichtung ist entsprechend dem Farbmotto in Braun- und Blautönen gehalten. Empire-Tisch und Jugendstil-Leuchter wirken sehr gut zusammen.

Neben den (bereits erwähnten) Fundstücken wie den Terrassengittern, Glasscheiben und alten Glasfenstern, die im sanierten Haus einen neuen Platz fanden, zeugt auch die Inneneinrichtung des Hauses von der Sammelleidenschaft der Ostermanns. Bevorzugt Möbel und Gebrauchsgegenstände aus dem Barock sowie aus dem 19. und frühen 20. Jahrhundert bestimmen den Einrichtungsstil. Das am Äußeren des Hauses abzulesende Farbkonzept mit der Kombination von Blau- und Braun-Tönen wurde auch im Inneren an vielen Stellen wiederaufgenommen. Im Eßzimmer wurden die antiquarischen braunen Stühle und der Eßtisch mit blauen Leinenvorhängen kombiniert. Auch das Wohnzimmer im Erdgeschoß ist von dieser dominierenden Farbzusammenstellung geprägt. Im Wohnzimmer unter dem Dach, das mit seiner sichtbar belassenen Holzkonstruktion und dem Kaminofen eine behagliche Atmosphäre ausstrahlt, wurde durch die blau bezogenen Stühle und Sofas das Entstehen eines zu gediegenen Raumeindrucks vermieden.

Hausbegrünung und Garten

Das Ziel war es bei der Gestaltung der Außenanlagen insgesamt, durch die Anlage, die Pflanzenauswahl u. a. einen möglichst natürlichen Garten zu erhalten, der zum alten Haus passen und in diesem vorstädtischen Mischgebiet auch ökologische Nischen für Tiere schaffen sollte. Die Straßenfassade wurde mit selbstklimmendem Wilden Wein (*Parthenocissus quinquefolia* 'Engelmannii') begrünt.

Im Garten entstanden nach der Entfernung einiger Teerflächen eine Wiese und Staudenbeete. Zusätzlich zu den vorgefundenen und belassenen Gehölzen wurden öfterblühende Strauchrosen in Karmin- und Rosa-Tönen hinzugepflanzt. Ein blaues Rankgitter an der Wand zum Nachbarhaus gibt Kletterpflanzen Halt. In der Südostecke des Gartens legte Franz Ostermann einen Teich an, der bereits von vielen Wassertieren und Insekten angenommen worden ist.

Der Zaun zum Nachbarn wird heute von einer niedrigen, immergrünen Buchshecke begleitet. Die unverputzte Ziegelmauer an der südlichen Grundstücksgrenze begrünte man mit Efeu (*Hedera helix*). Sehr schöne Gliederungselemente sind die Metallamphoren, die auf dazu passenden Steinsäulen plaziert sind und in Verbindung mit den Gehölzpflanzungen und Staudenrabatten wirkungsvolle Blickfänge bilden.

94 Staudenrabatte mit Amphore und Rankgitter.

95 Franz Ostermann in seinem Garten, im Hintergrund die Südfassade des Hauses mit der Freiterrasse und der Büroerweiterung. Die leicht veränderte Gaube trägt wesentlich zur Wirkung der geradlinigen Architektur bei.

Resümee

Das Haus von Franz und Silvia Ostermann wurde mit viel Sachverstand so wiederhergerichtet, daß sein Charakter und seine klare Architektur bewahrt wurden. Die Umwandlung vom Doppel- zum Einfamilienhaus, die ja ein Zusammenführen von zuvor bewußt getrennten Einheiten bedeutet, bewältigte man mit nur wenigen substantiellen Veränderungen. Dabei nahm man auch in Kauf, daß manche kleinen Räume bestehen blieben, die man sich eigentlich etwas größer gewünscht hätte. Es wurde bewußt darauf verzichtet, für ein großzügigeres Raumempfinden in großem Umfang Wände zu beseitigen. Wo man an dem Haus etwas veränderte, hat man die Substanz gestalterisch sogar oft noch bereichert. So wird etwa durch die neuen Balkonbrüstungen die dem Haus eigene architektonische Klarheit und Geradlinigkeit noch besonders hervorgehoben. Auch die neue Dachgestaltung der Südgaube hat der Gesamterscheinung des Gebäudes gutgetan. Wenn Häuser so zusammenwachsen, belegt dies den Respekt der Eigentümer vor den alten Gebäuden und die Kompetenz des Architekten.

Wichtige Adressen

Architekt/ Eigentümer:
Franz und Silvia Ostermann
Ulmer Landstr. 321
D - 86391 Stadtbergen

Maurerarbeiten:
Fa. Pius Fischer
Zugspitzstr. 187
D - 86165 Augsburg

Zimmermannsarbeiten:
Fa. Stöffelmeier
Hirblinger Str. 135–137
D - 86156 Augsburg

Maler:
Fa. Fiener
Pranthochstr. 3
D - 86150 Augsburg

Bodenverlegearbeiten/Holz:
Fa. Spitzer
Ulmer Str. 22
D - 86154 Augsburg

Steinmetz- und Steinverlegearbeiten:
Fa. Demharter
Humboldtstr. 13
D - 86316 Friedberg-Derching

Fa. Maier
Unterer Talweg 133
D - 86179 Augsburg

II Alt und neu im kreativen Zusammenspiel: Eine Häusergruppe von 1501 mit modernen Anbauten

DAS OBJEKT

Oft beschworen, aber selten mit guten gestalterischen Inhalten gefüllt wird das Schlagwort vom neuen Bauen in alter Umgebung. Die im folgenden zu beschreibende Häusergruppe in Almens, Graubünden, bildet hier eine bemerkenswerte Ausnahme. Bei diesem in Teilen bis auf das Jahr 1501 zurückreichenden Gebäudekomplex wurde eine behutsame Sanierung des Altbestands mit einer architektonisch überzeugenden modernen Erweiterung verbunden. Der Besitzer, Bruno Bundi, und der beauftragte Architekt, Niklaus Lohri, investierten gemeinsam mit der beratend tätigen Kantonalen Denkmalpflege viel Mühe, Kreativität und auch Kühnheit in dieses anspruchsvolle Projekt. Dies ist um so höher einzuschätzen, als sich die Häusergruppe zum Zeitpunkt des Erwerbs in schwierigem Zustand befand. Zahlreiche feuchte Wände, Geschoßhöhen von 2 m und weniger, völlig mit Geröll verfüllte Kellerräume und gestalterisch unbefriedigende Anbauten aus jüngerer Zeit waren einige der größten Probleme.

Über die nur lückenhaft rekonstruierbare Geschichte der Anwesen läßt sich immerhin sagen, daß hier aufgrund der Vielzahl voneinander abgetrennter Wohnbereiche einmal eine größere Anzahl wohl recht armer Familien gelebt haben dürfte. Der östlich gelegene Natursteinbau war in der Vergangenheit mit hoher Wahrscheinlichkeit immer zu Wohnzwecken genutzt worden. In den beiden Ställen und den Untergeschossen dürften früher Schweine und Kleinvieh gehalten worden sein. Die beiden hangseitigen Gebäude erfuhren 1914 eine Veränderung, als auf das noch heute bis zum ersten Obergeschoß reichende Bruchsteinmauerwerk ein ausgefachter Riegelbau gesetzt wurde.

Die Bauarbeiten begannen im Juli 1993. Zur Jahreswende 1993/94 waren die Rohbauarbeiten abgeschlossen. Nach Abschluß des gesamten Sanierungsprozesses konnten die in dem Gebäudekomplex untergebrachten drei Wohnungen im Sommer 1994 bezogen werden. Die 3-Zimmer-Wohnung im Strickbau wird vom Architekten mit seiner Lebensge-

96 **Ansicht der Häusergruppe von Süden.**

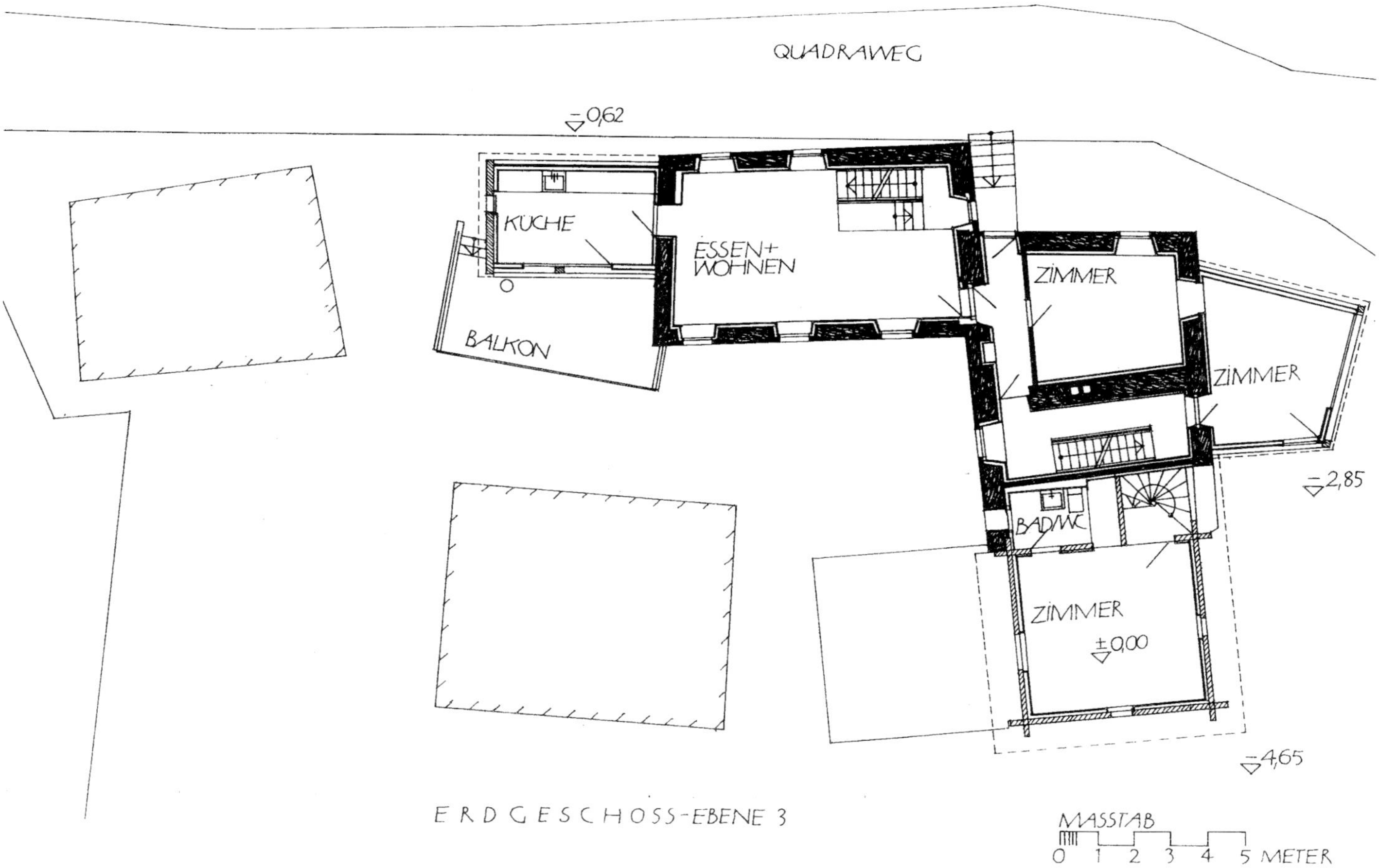

97 und 98 Grundrisse M 1:200

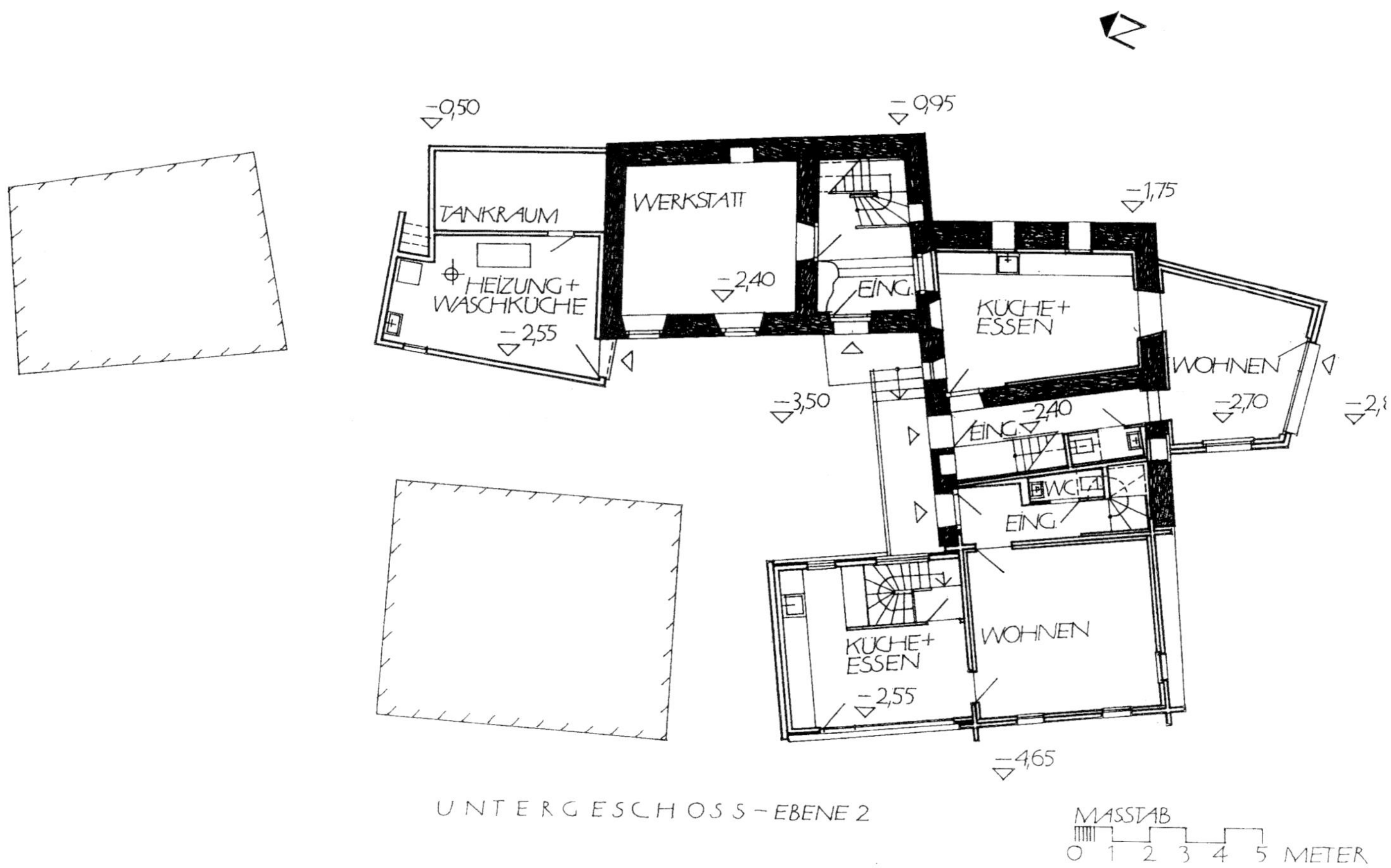

fährtin bewohnt, die 4- und die 5-Zimmer-Wohnung sind vermietet. Neben das alte Holzblockhaus auf der Hangseite und die (wohl etwas später entstandenen) dreistöckigen, nach Osten zurückversetzten Gebäude aus Bruchstein wurden sehr moderne Neubauten gesetzt. Diese Flachdachkuben besitzen großenteils Massivholz-, teils Betonwände und große, dem Tal zugewandte Glasfronten. Sowohl die Architektur als auch die für die Neubauten gewählten Materialien sorgen gleichzeitig für eine deutliche Abgrenzung und für eine natürliche Harmonie der alten und neuen Gebäudeteile.

99 Während der Vermessungsarbeiten im August 1992.

DIE SANIERUNGSVORBEREITUNG UND -PLANUNG

Haussuche und Erwerb

Die Familie Bundi kannte die ruinenhafte Gebäudeanlage in Almens schon längere Zeit vom Durchfahren und von Spaziergängen. Im Jahr 1988 entdeckte dann Bruno Bundi in der Zeitung ein Verkaufsinserat, das ein Haus aus der besagten Gruppe zum Verkauf anbot. Der Kauf schien anfangs gut über die Bühne zu gehen, jedoch mußte der Preis wegen Schwierigkeiten mit der Erbengemeinschaft noch nach oben korrigiert werden. Dann warteten die Bundis geduldig, bis sie letztendlich etwa drei Jahre später die restlichen Häuser ersteigern konnten.

100 Die Holzstütze im Keller, die laut dendrochronologischem Befund aus dem 16. Jahrhundert stammt.

Von der Beauftragung des Planers zur Ausschreibung

Niklaus Lohri, der zu dieser Zeit sein Architekturbüro in Biel hatte, wurde im Juli 1992 mit der Sanierungs- und Neubauplanung beauftragt. Klare Vorgabe des Eigentümers war es, soviel wie möglich vom Altbestand stehenzulassen und zu halten, was zu halten war, auch wenn dies im Einzelfall höhere Kosten mit sich brächte. Des weiteren sollte der vorgefundene, eher bäuerliche Charakter bewahrt werden. Diese Einfachheit sollte sich aber auch in den Neubauten deutlich widerspiegeln. Zuletzt galt es überall dort, wo ohne Verlust der Substanz möglich – so etwa beim Innenausbau –, durch innovative Lösungen Kosten einzusparen.

Als Planungsgrundlage erstellte der Architekt ein genaues Aufmaß im Maßstab 1:50 mit sämtlichen Grundrissen, zwei Schnitten und Fassadenansichten.

Die vorgenommenen baulichen Analysen bestanden in erster Linie aus der Sichtprüfung und manuellen Untersuchungen. Dies genügte vollständig, da alle eventuellen Schadensherde leicht von außen einzusehen bzw. zugänglich waren. Dicke Putzschichten, die etwa wichtige Materialbefunde oder wertvolle Malereien hätten überdecken können, waren nicht vorhanden. Die für die Begleitung des Projekts zu Rate gezogene Kantonale Denkmalpflege gab zur Ermittlung des Gebäudealters eine dendrochronologische Untersuchung in Auftrag. Die Untersuchung von neun Konstruktionshölzern ergab als Entstehungszeit der ältesten Gebäudeteile, d.h. der Häuser im Westen sowie der zwei unteren Geschosse im Osten, das Jahr 1501. Ferner konnte eine Holzstütze im Keller des talseitigen Strickbaus auf das 16. Jahrhundert datiert werden.

Wegen der Komplexität der Aufgabenstellung und der sich des öfteren verändernden Voraussetzungen gestalteten sich die Entwurfsplanung und der gesamte Planungsprozeß sehr schwierig. Es wurde eine Vielzahl unterschiedlicher Varianten erarbeitet. Die Genehmigungs- und die Werkplanung waren schließlich im Frühjahr 1993 fertiggestellt. Für die Fenster, die Treppen und die Anbauten entstanden Detailzeichnungen.

Aufgrund der kantonalen Baubestimmungen ist in dieser Gegend nur eine Erweiterung bestehender Gebäude um 35 % der vorhandenen Wohnfläche zulässig. Ferner werden normalerweise im ländlichen Bereich grundsätzlich keine Flachdachbauten genehmigt. Dennoch gelang es mit Fürsprache der Denkmalpflegebehörde, welche die Neubauplanung aufgrund der gelungenen Architektur und der guten Anschlüsse an die Altbausubstanz sehr wohlwollend betrachtete, die Erlaubnis zum Bau von Flachdächern zu erhalten. Hier wie auch in anderen Fällen zahlte es sich aus, daß der Bauherr von Anfang an alle beteiligten Behörden (von Denkmalpflege, Gemeinde etc.) intensiv einbezog. Die anschauliche Visualisierung der Planungen durch vom Architekten gefertigte Modelle trug sicherlich ebenfalls dazu bei, daß der Abstimmungsprozeß so zügig und einvernehmlich verlief. Wegen der guten Akzeptanz der Planung konnte auch ein Zuschuß der Denkmalpflege von etwa 7–8% der für die Altbausanierung investierten Mittel bewilligt werden. Für die Neubauten gab es selbstverständlich keine Zuschüsse. Die Gesamtaufwendungen (d.h. Kaufpreis, Altbausanierung und Neubau mit allen Kosten) lagen am Ende der Sanierung bei etwa SFR 1,5 Mio.

Etwa 90 % der Arbeiten wurden ausgeschrieben. Lediglich die Maurer-, Schreiner- und Putzarbeiten vergab man direkt. Mit der Koordination und Kontrolle der Bauabläufe wurde ein erfahrener Bauleiter beauftragt. Durch diese praktisch durchgehende Bauaufsicht konnte auf ein Sanierungsdrehbuch verzichtet werden.

DIE PRAKTISCHE SANIERUNG

Abbruch- und Ausräumarbeiten

Wegen seines schlechten Zustands und wegen der geplanten Erweiterungsbauten war es unumgänglich, den südlich vorgebauten alten Toilettenturm abzubrechen. Ebenso wurde der dem Strickbau westlich vorgelagerte Pultdachbau, der neueren Datums und architektonisch unbedeutend war, bis auf die Fundamente weggenommen. Die Abbrüche gestalteten sich insbesondere bei den vorhandenen, ohne Mörtel aufgezogenen Trockenmauern sehr schwierig, da das Mauerwerk aufwendig abgefangen werden mußte.

Ferner war es unumgänglich, die einige Jahrzehnte vorher durch einen Geröllschlag verfüllten Keller unter großem Arbeitsaufwand von den Gesteinsbrocken sowie dem eingelagerten Holz und Stroh zu befreien.

101 Der fast völlig zerstörte südliche Toilettenturm mußte weggenommen werden.

102 Sickerplatten und Dränageleitung werden eingebracht.

Trockenlegungs- und Unterfangungsarbeiten

Zunächst legte man die feuchten, aus unvermörtelten Bruchsteinen bestehenden Kellerwände trocken. Um das weitere Eindringen von Feuchtigkeit zu unterbinden, wurden 6 cm starke Sickerplatten angebracht und hangseitig Dränagerohre (Sickerleitungen) verlegt. Da bei Sanierungsbeginn keines der bestehenden Anwesen auch nur die geringsten Fundamente aufwies, mußten die Mauern etwa 50 cm unterfangen werden.

Dachkonstruktion und Dachdeckung

Da etwa 40 % der Dachsparren durch Fäulnis irreparabel geschädigt waren, wurden die Dachstühle der Altbauten erst einmal heruntergenommen. Allerdings verwendete man zur Neuherstellung der Dachkonstruktion die mehrheitlich intakten alten Exemplare. Auch die noch einwandfreien Pfetten wurden wieder eingebaut. Im östlich gelegenen Gebäude nahm man den Mittelbinder heraus, die Lasten konnten durch eine Flacheisenverstärkung auf die Außenwände abgetragen werden. Die Hohlkastendecken sind mit Weichfaserplatten (Pavatherm) isoliert, einer Winddichtung (Tyvek) und einer bituminierten Weichfaserplatte (Pavatex) versehen. Die Dämmschicht aus Zellulose (Isofloc) wurde erst nach Fertigstellung des kompletten Dachaufbaus in die verbliebenen Hohlräume eingeblasen. Die Vorteile dieses Materials und dieser Technik bestehen u. a. darin, daß unabhängig von den Dimensionen der Bauteile gearbeitet werden kann und alle Hohlräume ausgefüllt sind. Zur Dachdeckung wurden bei den Altbauten durchgängig neue Herzfalzziegel verwendet.

Kamine und Heizungsanlage

Ursprünglich waren zwei Schornsteine vorhanden, die abgebrochen werden mußten. Der statt dessen eingebaute Kamin aus Chrom-Nickel-Stahl (CNS) mit einem Zug ist für die Ölzentralheizung bestimmt. Für die Wärmeverteilung sorgt in den meisten Räumen eine in Estrich verlegte Fußbodenheizung. Lediglich den Strickbau, der Massivholzdecken ohne Estrich besitzt, stattete man mit Heizkörpern aus. In den Bädern wurden Handtuchradiatoren eingebaut.

103 Rechts Mitte: Unterfangungsarbeiten an den Grundmauern des südöstlich gelegenen Altbaus.

104 Arbeiten an einem neuen Sparren des ehemaligen Stalls.

105 Bei den bergseitigen Altbauten wird das Unterdach aufgebracht. Zu sehen sind die Winddichtung und Lattung.

Neue Wände, Putzarbeiten und Anstriche

Die in den Neubauten eingezogenen Holzwände bestehen im Äußeren aus 6 cm starken, in Anlehnung an die alten Strickbauten liegenden Brettern, einer eingeblasenen Isolierschicht aus Zellulose und einer Holzverkleidung auf den Innenseiten. Alle Holzwände wurden vor Ort zusammenmontiert. Eigentümer und Architekt hatten ursprünglich beabsichtigt, sämtliche neue Außenwände aus Holz zu fertigen, jedoch machten die feuerpolizeilichen Auflagen (F 90) es erforderlich, die Trennwände bzw. die nahe den benachbarten Holzbauten befindlichen Außenwände zu betonieren.

Putzarbeiten wurden vor allem an Mauerteilen der Altbauten und in Innenräumen vorgenommen. Außen verwendete man reinweißen Kalkputz. Innen trug man Gipsglattstrich auf, der einen weißen Anstrich erhielt.

106 Die Heizungs-, Sanitär- und Elektrozuleitungen werden im Hof verlegt.

107 Verlegung der Leitungen für die Fußbodenheizung.

108 Eine Holzwand am talseitigen Anbau entsteht.

109 Die Wände des südlichen Neubaus werden betoniert.

110 Südansicht der Häusergruppe während der Sanierungs- bzw. Rohbauphase.

111 Beim nordwestlichen Altbau wird der Grundputz aufgetragen.

112 **Die neuen Holzfenster sind eingebaut.**

Fenster und Türen

Die vorhandenen Fenster in den Altbauten mußten alle wegen zu großer Schädigungen herausgenommen werden. Statt dessen wurden Kastenfenster aus Fichtenholz mit Doppelverglasung eingebracht, deren Rahmen und Flügel unbehandelt belassen wurden. Auf Isolierglas verzichtete man im alten Bestand ganz bewußt, um den Charakter der Gebäude nicht zu beeinträchtigen.

Die Neubauten erhielten Isolierglasfenster, die Rahmen bestehen in Anlehnung an die Altbauten ebenfalls aus unbehandeltem Fichtenholz. Die Gestaltung der Fenster in den Neubauten orientiert sich hinsichtlich der – meist großflächigeren – Formate und der Konstruktion an der Architektursprache der Moderne.

Anstelle der nicht mehr verwendbaren alten Türen wurden sowohl in den Alt- als auch in den Neubauten Hohltüren aus Spanplatten eingesetzt. Außen fügte man mit Aluminium kaschierte Spanplattentüren ein. In Anlehnung an die alten Vorbilder erhielten die Außentüren eine Aufdoppelung aus Lärchenholz.

Die in den verschiedenen Häusern für Fenster und Türen verwendeten neuen, vernickelten Beschläge weisen bewußt einfache Formen auf.

Böden und Decken

In den Bereichen mit Fußbodenheizung verwendete man als Bodenbelag Linoleum, der auf Estrich verlegt wurde. In den übrigen Räumen befinden sich Massivholzfußböden und -decken aus 14 cm starken und 20 cm breiten Bohlen.

Abgesehen von den Dachbalken wurden in den Altbauten alle Balkenlagen wegen des schlechten Zustands erneuert. Die Neubauten erhielten Holzkastendecken (nach dem System Blumer).

113 **Eine neue Innentüre (mit Lärchenholz aufgedoppelte Spanplattenkonstruktion) in einer Bruchsteinwand.**

Neue Innenwände und Treppen

Auf die neu eingezogenen Leichtbauwände im Inneren, die in den Altbauten vor allem zur Abgrenzung von alt und neu, wegen der Reversibilität und aus Kostengründen verwendet wurden, brachte man Gipsplatten der Stärke 7,5 cm auf.

Die Treppen sind zumeist aus Beton (teils Rohbeton), die Tritte aus massiver Buche. Die Vorgabe, neue Bauteile möglichst günstig herzustellen, aber dabei nicht auf kreative Gestaltungsideen zu verzichten, führte zu einer interessanten Lösung: 3 cm dicke, CNC-unterstützt ausgefräste Preßspanplatten sind Geländer und Handläufe in einem. Die einzelnen Platten wurden vor Ort zusammengefügt, verschraubt und angebracht. Die runden Öffnungen von 6 cm Durchmesser verleihen den Geländern eine gewisse Transparenz. Die Qualität dieser Konstruktion zeigt sich am deutlichsten in den Altbauten, wo die modernen Treppen keineswegs wie Fremdkörper wirken, sondern sich vielmehr hervorragend in den Bestand einfügen.

114 Die neue Lattung für die Montage der Gipskartonplatten.

115 In der Werkstatt werden die Treppengeländer aus Preßspanplatten ausgefräst.

116 Die Geländer sind angebracht.

Innenarchitektur und Einrichtung

Die Wohnung des Planers spiegelt die architektonische Harmonie einfacher, aber wirkungsvoller Gestaltungsprinzipien wider. Die alte Holzbohlenwand, welche die Verbindung zwischen Bestand und Neubau markiert, wurde unverputzt belassen. An der gegenüberliegenden Seite des Küchen- und Eßbereichs bilden die Edelstahlfronten der Küchenzeile einen Kontrapunkt und zugleich eine Entsprechung. Neben dem schönen Blick, den man durch die große Scheibe des Neubaus auf das südliche Tal hat, wird das Wohn- und Raumerlebnis in den Neubauten auch durch eine Reihe anderer reizvoller Aus- und Durchblicke erhöht, die man von Sitz-, Eß- und Badeplätzen aus genießen kann.

117 Die sachlich gehaltenen Küchenzeilen (Bulthaup) kontrastieren sehr schön mit den alten Holzbalken.

118 Die Holzbohlenwand des westlichen Strickbaus trennt alt von neu. Rechts die Glasscheibe des Flachdachbaus.

119 Innenansicht eines Altbaus mit neuer Treppe.

Außenbereich

Im Grunde beließ man den vorhandenen Bestand an Bäumen und Sträuchern, der nur um einen vom Bauherrn symbolisch gepflanzten Baum und eine Wildhecke entlang der Straße ergänzt wurde. Die Wege kieste man auf. Umzäunungen, die früher nicht vorhanden waren und zudem unnötig erschienen, existieren nach wie vor überhaupt nicht. Damit wurde auch im Äußeren das Prinzip der Einfachheit durchgehalten. Die für ländliche Gegenden charakteristische Bepflanzung und die freie, nicht durch Barrieren behinderte Anbindung an die umgebende Natur lassen die Architektur besonders gut zur Geltung kommen.

120 Raffinierte Lichtschlitze: Aus dieser alten Giebelwand wurden keine Teile herausgenommen, sondern nur die vorhandenen Zwischenräume belassen und verglast. △

121 Der Bauherr Bruno Bundi hebt zusammen mit seiner Familie die Pflanzgrube für den Hausbaum aus.

122 Blick durch die Glasfront eines Neubaus auf das westlich gelegene Tal.

123 **Harmonie von Architektur und Materialien: Links der talseitige Neubau, rechts der sanierte Stall.**

Resümee

Die reizvoll am Berghang gelegenen Häuser bilden heute in der Graubündner Landschaft eine gelungene, fast selbstverständlich wirkende gestalterische Einheit von alt und neu. Daß diese Einschätzung nicht unbedingt von allen Leuten in der Gegend geteilt wird, zeigt die Bandbreite der vertretenen Urteile – von »schrecklich, Skandal« bis zu »hervorragend«. Sowohl die Erhaltung alter Gebäude – die nach Meinung vieler »abgeräumt« gehört hätten – als auch die Schaffung qualitativ hochwertiger Neubauten im alten Umfeld sind offenbar nach wie vor die seltenen, daher für viele Menschen ungewohnten Ausnahmen. Die begeisterten Reaktionen derer, die am liebsten gleich selbst in der Häusergruppe einziehen würden, zeugen andererseits von der Faszination, die ein solch gelungenes Zusammenspiel hochwertiger traditioneller und moderner Architektur auslösen kann.

Wichtige Adressen

Eigentümer und Kücheneinrichtung:
Bruno Bundi
Fa. Cucina r54
CH - 7000 Chur

Statiker:
Tuffli & Partner
CH - 7000 Chur

Zimmermanns- und Schreinerarbeiten:
Fa. Egger
CH - 9463 Oberried

Architekt:
Niklaus Lohri
Catamin 67
CH - 7416 Almens

Fensterbauer:
Fa. Schelbert- Inderbitzin
CH - 6430 Schwyz

Treppen:
Fa. Suhner
CH - 7430 Thusis und
Fa. Egli (CNC)
CH - 7402 Bonaduz

Dachdecker- und Spenglerarbeiten:
Fa. Wechler
CH - 7405 Rothenbrunnen

Putzarbeiten:
Fa. Bonadio
CH - 7000 Chur

Metallbau:
Fa. NS Metallbau
CH - 7203 Trimmis

Belagsarbeiten:
Fa. Kästinger
CH - 7012 Felsberg

Dämmungen:
Fa. Ruttishauser
CH - 7015 Tamins

Malerarbeiten innen:
Fa. Concha
CH - 7000 Chur

Schlosserarbeiten:
Fa. Egli
CH - 7013 Domat/ Ems

Wandbeläge/ Fliesen:
Fa. Scalisi
CH - 7000 Chur

III Oase in der Stadt: Ein mittelalterliches Wohn- und Handwerkerhaus

DAS OBJEKT

124 Das Anwesen Kirchgasse 8.

Beim Gang durch die Kirchgasse im Augsburger Ulrichsviertel fällt eine Reihe vorbildlich sanierter Häuser ins Auge. Darunter befindet sich auch das Anwesen Kirchgasse 8, das sich schon von der Straßenseite her durch seine in den Obergeschossen sichtbare, kalkgraue Holzverschalung von den übrigen Bauten abhebt. Aus der Zeit um 1475 stammend, diente das Haus ursprünglich Personen der städtischen Unterschicht als Wohnraum und Arbeitsstätte. Seit dem 17. Jahrhundert vorliegende Grundbucheintragungen dokumentieren die Vielzahl von handwerklichen Nutzungen, wobei die Weberzunft außerordentlich oft vertreten war.

125 Der Innenhof mit der Aufgangstreppe zum Büro und zur Wohnung des Architekten.

Bei diesem Mehrparteienhaus wurden die Wohntrakte der einzelnen Bewohner baulich bewußt voneinander abgegrenzt. Dies wird durch die vermutlich im 16. Jahrhundert vorgenommene südliche Erweiterung des Komplexes besonders deutlich. Die verschiedenen Gebäudeteile gruppieren sich zu einer fast geschlossenen vierseitigen Anlage, die einen stimmungsvollen Innenhof entstehen läßt. Die im Erdgeschoß gelegenen Wohnungen sind direkt vom Hof aus zugänglich, über eine hölzerne Außentreppe und einen Arkadengang gelangt man in die oberen Stockwerke. Ein schmaler Durchgang öffnet den Blick auf den im Südosten der Gebäudegruppe gelegenen Garten – eine Oase ländlicher Ruhe inmitten der Stadt.

Für den Architekten und Bauherren, Klaus Gerstmayer, stellte sich keine leichte Aufgabe: Schäden aufgrund stellenweise zu weichen Baugrunds und frühere, störende Eingriffe in tragende Teile der Konstruktion verursachten die größten Probleme. Hinzu kam die an vielen Stellen auftretende Wandfeuchte. Vor der Sanierung entstandene Fotografien lassen das ursprüngliche Aussehen der Gebäude kaum mehr erkennen. So waren etwa viele Fensteröffnungen verändert, die Aufgangstreppe im Innenhof zugebaut und der Arkadengang vermauert sowie mit neuzeitlichen Fenstern versehen worden.

Die Sanierung des nördlich an der Kirchgasse gelegenen Vorderhauses dauerte von 1981 bis 1983, die der südlichen Rückgebäude und Außenanlagen von 1985 bis 1987. Nachdem der Bauherr und Architekt bereits 1984 in das zuerst sanierte Nordgebäude einziehen konnte, waren 1987 auch die restlichen Wohnungen bezugsfertig. Heute bewohnt der Planer den südlichen Gebäudeteil, das Architekturbüro ist im Obergeschoß des Zwischenbaus hinter den Arkaden untergebracht. Ferner beherbergt der Komplex weitere vier Mietwohnungen, von denen sich zwei im Erdgeschoß, zwei im Ober- und Dachgeschoß des Nordtrakts befinden. Neben der Wohnnutzung zog mit dem Buch- und Esoterikladen auch wieder Gewerbe in das Vorderhaus an der Kirchgasse ein. Die Gesamtwohnfläche aller Gebäudetrakte beläuft sich heute auf 502 qm. Davon entfallen 131 qm auf die Wohnung der Familie Gerstmayer und 56 qm auf das Architekturbüro.

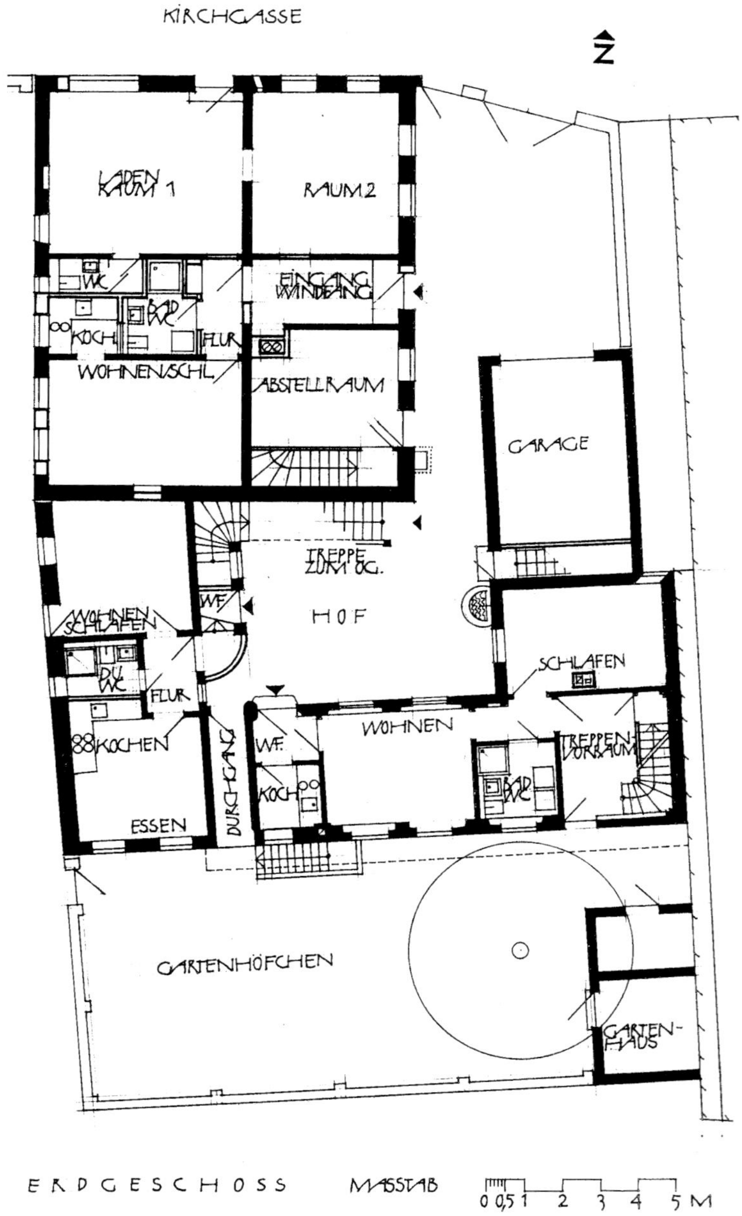

126 und 127 Grundrisse M 1:200

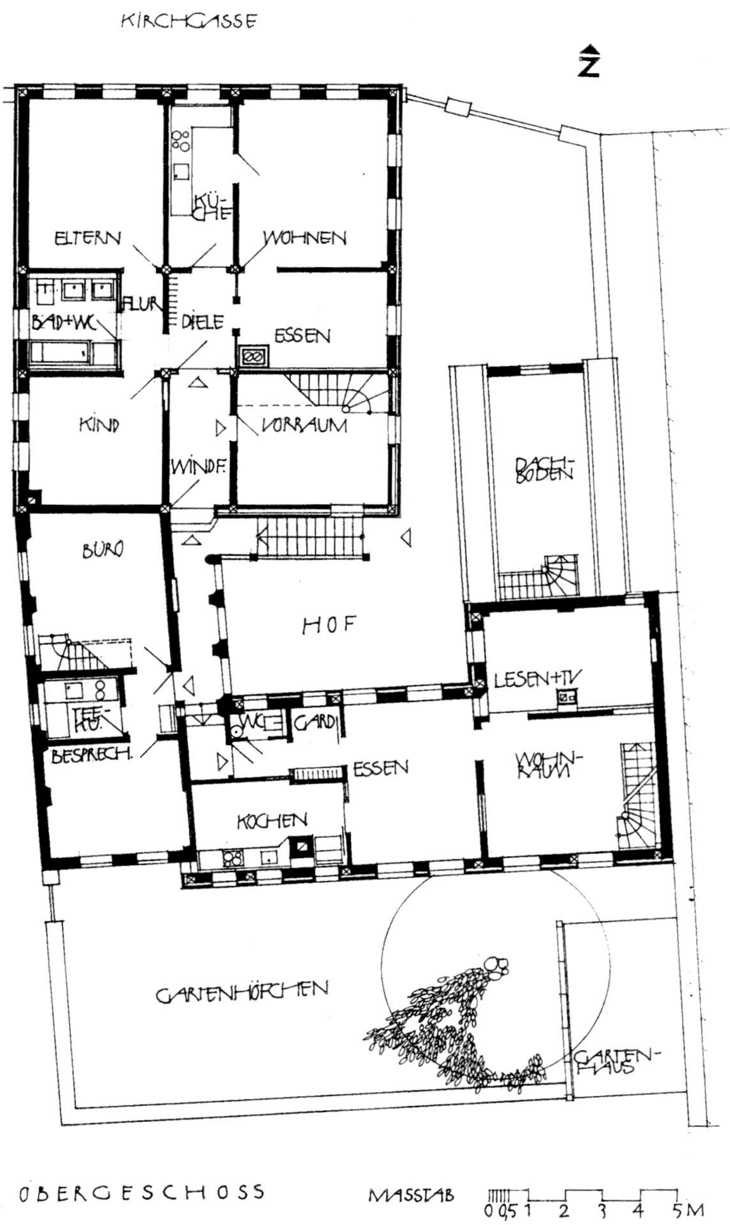

DIE SANIERUNGSVORBEREITUNG UND -PLANUNG

Haussuche und Erwerb

Als sich Klaus Gerstmayer mit der Absicht trug, ein Haus zu kaufen, stand für ihn eines fest: Es mußte ein schönes Altstadthaus sein. Auf der Suche nach dem richtigen Anwesen führte ihn sein erster Weg zum für die Sanierung zuständigen Mitarbeiter des Stadtplanungsamtes. Dieser legte ihm eine Aufstellung mit denjenigen Häusern vor, die sich im kommunalen Besitz befanden, und erläuterte, welche besonders interessant und dringend sanierungsbedürftig waren. Spontan fiel die Wahl auf das Anwesen Kirchgasse 8, das dann nach einiger Zeit im Jahr 1981 auch von seinem heutigen Eigentümer erworben werden konnte.

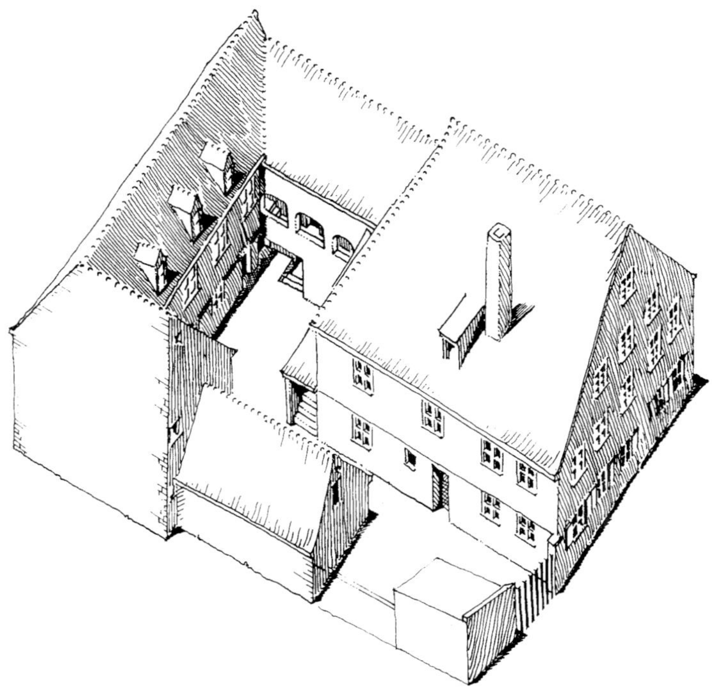

128 Die Gesamtanlage der Gebäude (Zustand vor Umbaumaßnahmen und Sanierung). Die Zeichnung stammt von Robert Pfaud.

Aufmaße, Bestandsanalysen und Befunduntersuchungen

Notwendig war vor allem ein genaues Aufmaß aller Räume, das zunächst vom Planer als Architektenaufmaß, dann von den Fachleuten des Landesamts für Denkmalpflege als detailliertes, verformungsgerechtes Aufmaß erstellt wurde. Aus den hieraus gewonnenen genauen Maßen sowie den nachfolgenden spezifischen Bestandsuntersuchungen ließen sich wichtige Aufschlüsse über konstruktive Besonderheiten und Schäden gewinnen. So zeigte sich etwa, daß die Gebäude ursprünglich in Holzständerkonstruktion ausgeführt worden waren. Hierbei waren senkrechte Pfosten mit waagrechten Riegeln verbunden und die Zwischenräume mit Bohlen ausgefacht worden. Im späten 17./18. Jahrhundert brachte man offenbar – wie im Barock des öfteren geschehen – Bretter vor den Ausfachungen an, die mit Schilfrohrmatten und Kalkputz überzogen waren. Das Erdgeschoß wurde später, nachdem das Ständerwerk durch Fäulnis zerstört war, in Ziegelmauerwerk neu errichtet. Die Reste der abgesägten Stummel der Holzständer fand man im Erdgeschoßbereich. Insgesamt war die Holzständerkonstruktion in schlechtem Zustand, die Kopfbänder fehlten großenteils. Ein mit viereckigen Lochungen versehener Deckenbalken im ersten Obergeschoß wies auf eine dort früher vorhandene Esse mit Feuerstelle hin.

129 Nicht alle Baubefunde und -schäden zeigten sich so deutlich wie diese Feuchtigkeitsspuren am Mauerwerk.

Der nordöstlichste Bauteil konnte aufgrund verschiedener Charakteristika wie abrupt endende Deckenbalken als späterer Anbau identifiziert werden. Die schmalen Dachsparren ließen den Rückschluß auf die – im Mittelalter dominierende – Strohdeckung des Dachs zu. Weiterhin ergaben die Untersuchungen, daß das Vorderhaus auf der Nordseite ursprünglich mit einem Walmdach versehen war. Durch die Untersuchungen nachgewiesene Fehlstellen waren u. a. geneigte Außenmauern, die auf den nicht tragfähigen Untergrund auf der Westseite der Gebäude zurückgeführt werden konnten. Hierfür ursächlich war eine dort ehemals angelegte Mistgrube des Klosters St. Ulrich und Afra. Auch eine Reihe anderer konstruktiver Schäden wie gebrochene und durchschnittene Balken, gelöste Holzverbindungen, ungenügende Sparrendurchmesser u. v. m. konnte entdeckt und im weiteren Verlauf der Sanierung behoben werden. Zur Durchführung der Bestandsuntersuchungen wurden meist wichtige Bauteile (wie etwa der Dachfuß) freigelegt und in Augenschein genommen.

Auf die Anlage eines Raumbuchs konnte nach Abstimmung mit dem Landesamt für Denkmalpflege verzichtet werden, da die Zahl original erhaltener Elemente wie Fresken, Stuckierungen, Medaillons und anderer wertvoller Details überschaubar war. Zudem gewährleistete die praktisch ständige Präsenz des sanierungserfahrenen Planers, daß während der späteren Bauarbeiten zutage kommende denkmalwürdige Bauteile fachgerecht gesichert wurden. Jedoch erarbeitete die im Auftrag der Stadt tätige Farbberaterin eine Befundanalyse der historischen Putze und Anstriche. Im Verlauf dieser Untersuchung kamen auch die alten Holzbohlenwände zum Vorschein.

Das Landesamt für Denkmalpflege erstellte ein dendrochronologisches Gutachten und übernahm wegen der bauhistorischen Bedeutung des Anwesens auch alle Kosten der Untersuchung. Die Analyse von mehreren, aus Dachsparren des Vorderhauses entnommenen Bohrproben erbrachte Fälldaten aus dem 14. und 15. Jahrhundert. Durch die Zusammenschau der Ergebnisse konnte der ungefähre Erbauungszeitraum des ältesten, gassenseitigen Gebäudes auf die Zeit um 1475 datiert werden.

Zielvorgaben und Gesamtsanierungskonzept

Voraussetzung für das Gelingen des Sanierungsvorhabens und ebenso für eine fachlich fundierte Vorbereitung war der durchgehende Zielgedanke, den Charakter des alten Hauses in bau- und kulturhistorischer Hinsicht zu bewahren. Dementsprechend strebte der Architekt an, möglichst viele der vorhandenen, gut erhaltenen Bauteile sichtbar und damit unmittelbar erlebbar zu lassen.

Die verschiedenen, sich aus obigen Analysen und Zielen ergebenden Grundlagen wurden vom Planer, dem Landesamt für Denkmalpflege sowie dem zuständigen Sanierungsbeauftragten des Stadtplanungsamtes diskutiert und als Grundlage für die Erstellung des Gesamtsanierungskonzepts verwendet. Hierin waren alle beabsichtigten, vor Inangriffnahme der eigentlichen Sanierung abzusehenden Maßnahmen einschließlich der Farbgebung im einzelnen textlich festgehalten und natürlich wiederum mit den Genehmigungsbehörden bzw. Zuschußgebern abgestimmt.

Von der Entwurfsplanung zur Auftragsvergabe

Die Entwürfe entstanden 1981. Als Grundlage für die Finanzierung wurden sowohl eine Wirtschaftlichkeitsberechnung als auch eine genaue Kostenschätzung und ein Gesamtfinanzierungsplan erstellt. Aus Mitteln der Städtebauförderung und Denkmalpflege wurde ein hoher Zuschußbetrag gewährt. Zeichnerisch umgesetzt wurden die planerischen und finanziellen Vorgaben in der Genehmigungs- und der Werkplanung sowie unzähligen Detailzeichnungen (etwa für Fenster, Türen, Beschläge), an die sich die Ausschreibung aller Arbeiten und die Auftragsvergabe anschlossen. Da von der historischen Substanz und den alten Bauteilen soviel wie möglich erhalten oder wiederhergestellt werden sollte, besaß natürlich eine handwerklich kompetente Ausführung besonders große Bedeutung. Bei der Auswahl der Baufirmen wurde keineswegs nur auf die Höhe des abgegebenen Angebots geachtet, sondern auch großer Wert auf die Erfahrung in der Altbausanierung und die Sensibilität für das alte Gebäude gelegt. Meist wählte der Bauherr zudem kleine und mittlere Betriebe aus, bei denen im allgemeinen eine bessere Qualität der ausgeführten Arbeiten zu erwarten war. Grundsätzlich stellte sich das Problem, daß Anfang der 80er Jahre bei den Handwerkern der Erfahrungsschatz in der Sanierung noch weit geringer war als heute.

DIE PRAKTISCHE SANIERUNG

Vorarbeiten, Trockenlegungsmaßnahmen und Fundamente

Der eigentliche Sanierungsprozeß im Nordgebäude begann zunächst mit Aufräumarbeiten und der Entfernung einer betonierten Bodenplatte im Erdgeschoß des Vorderhauses, die in mühsamer Arbeit mit dem Preßlufthammer zu geschehen hatte.

Als nächster Schritt folgte die Trockenlegung des Mauerwerks durch Einziehen einer Bitumenpappe mit Aluminiumeinlage, um das weitere Aufsteigen von Bodenfeuchtigkeit zu verhindern und die Austrocknung der Wände zu ermöglichen. Diese Methode wurde vom Architekten als wirkungsvollste angesehen.

130 Unterfangungs- und Trockenlegungsarbeiten im Gewölbekeller des Südtrakts.

131 Nach Abschluß der Trockenlegungsarbeiten. Die horizontale Sperrschicht gegen aufsteigende Feuchtigkeit ist eingezogen.

132 **Wegen des zu weichen Untergrunds mußten die Grundmauern beim westlichen Zwischenbau bis auf 6 m unter Geländeniveau unterfangen werden.**

Mit Schürfproben nahm man genaue Fundamentuntersuchungen vor, die einen allgemein guten Zustand der Fundamente ergaben. Das Mauerwerk aus Vollziegeln reichte ohne Verbreiterung nach unten bis auf Frosttiefe hinab, womit eine ausreichende Tragfähigkeit gewährleistet war. Eine Ausnahme bildete hier nur die Stelle auf der Westseite, wo sich ehemals eine Güllegrube befunden hatte. Dort mußte man bis auf 3,60 m unter heutige Kellerbodentiefe abgraben und durch Einziehen eines Betonstempels das Fundament ergänzen.

Konstruktion und Dachstuhl

An mehreren Stellen, so etwa auf der Südseite des Hinterhauses, wurden vormals herausgenommene Büge wieder eingesetzt. Mit diesen Maßnahmen erreichte man eine ausreichende Queraussteifung der Konstruktion. Nicht minder schwierig stellte sich die Sanierung der übrigen Holzkonstruktion und des Dachstuhls dar. Die aufgrund von Bränden und Ausbeilungen schadhaften Balken im Vorderhaus und der gebrochene Balken über den Fachwerkstielen der Ostfassade mußten angestückelt oder durch Balken aus Abbruchhäusern ersetzt werden. Die Fachwerkzapfen, die sich aus den Schwellen gelöst hatten, wurden wieder eingepaßt und durch Büge fixiert. Sowohl die oftmals maroden Fachwerkstiele als auch die abgefaulten Dachbalken und -sparren ersetzte man durch neue Exemplare.

Beim schmalen Zwischenbau war quer zu den Deckenbalken eine Treppe eingebaut worden. Die Sparren brachten daher enormes Gewicht auf das Bogenmauerwerk. Zur Abhilfe mußten die Zerrbalken durch Blattverbindungen angestückelt werden. Die aufgrund von Feuchtigkeitseinwirkung im Traufbereich durchgefaulten Sparren- und Balkenköpfe wurden nach der Reparatur durch das Einziehen einer Traufpfette kraftschlüssig verbunden. Durch die Entfernung von Fehlböden machte man die Balkendecken wieder sichtbar. Balken und Schwellen wurden freigelegt und durch Bürsten gereinigt. Ein völlig ungeeignetes Verfahren dafür wäre Sandstrahlen gewesen, da hiervon die weichen Holzbestandteile angegriffen und die historische Patina zerstört worden wären.

Das historische Sparrendach wurde erhalten und lediglich repariert. Teils wurden Hölzer angestückelt, verlängert, verschraubt bzw. mit alten Hölzern angeschuht. Zur Dämmung brachte man auf die Sparren eine druckfeste Mineralwolldämmung auf. Durch diese Auf-Dach-Dämmung verschob sich die Gebäudehöhe insgesamt natürlich nach oben. Zum Hauscharakter passend wählte man eine Doppeldeckung mit naturroten Biberschwanzplatten. Die First- und Gratziegel wurden mit Naturmörtel vermauert.

135 Eine Schleppgaube wird errichtet.

136 Dachraum im Vorderhaus mit Gaubenfenstern. ▽

Um eine angemessene Belichtung des Dachbereichs zu gewährleisten, wurden neue Dachgauben aufgesetzt. Die vorhandene Gaube nahm man herunter, da sie sich nicht in die durch den Dachausbau nötige neue Dachgestaltung einpassen ließ. Die Deckung der Schleppgauben bindet durch einen sogenannten »Kragen« weich in die Dachfläche ein. Die Gaubenwände bestehen aus einer Kantholzkonstruktion, die mit Mineralwolle gedämmt und mit gefälzten, sägerauhen Brettern belegt ist. Die Verwendung von Dachflächenfenstern verbat sich, da hierdurch die Gesamtwirkung des Gebäudes empfindlich beeinträchtigt worden wäre.

Kamine und Heizungsanlage

Die Schornsteine erwiesen sich als großenteils erneuerungsbedürftig. Probleme stellten sich dabei vor allem durch Baufälligkeit, zu große Durchmesser und ungenügende Isolierung. So wurden letztlich fast alle bestehenden Kamine abgebrochen und nur derjenige im Südtrakt erhalten. Dieser mit der Küche in Verbindung stehende Schornstein wird aktuell zwar nicht benutzt, könnte aber jederzeit wieder in Betrieb genommen werden. Zwei neue Schornsteine kamen zu dem bereits vorhandenen hinzu, darunter der Heizungskamin im Nordgebäude. Von der dort im Keller untergebrachten Ölzentralheizung wurden in eigenen Rohrschächten Heizleitungen zu den übrigen Gebäuden verlegt. Weitere Heizzentralen waren somit nicht nötig.

◁ 133 Freigelegte Kehlbalken im Vorderhaus.

◁ 134 Die Holzschalung wird mit Dachpappe geschützt. Der gegenüberliegende Dachstuhl ist mit Folien abgedeckt.

137 Gauben auf der Westseite nach Abschluß der Dachdeckung.

138 Der Schornstein wird abgebrochen.

139 **Aufmauern eines Kaminkopfes mit Satteldachkonstruktion.**

Aus Rücksicht auf das vorhandene, nur halbsteindicke Sparmauerwerk und aus gestalterischen Gründen verbat sich der Einbau von Heizkörpernischen. Statt dessen wurde ein Fußheizleistensystem installiert, das für ein sehr angenehmes Raumklima sorgt. Im Keller gab der Bauherr demgegenüber einer in Estrich verlegten Fußbodenheizung den Vorzug.

Wände und Maurerarbeiten

Aufgrund der überhängenden Giebelwand auf der Südseite erwies es sich als notwendig, an dieser Stelle das gesamte Mauerwerk abzutragen und mit Hochlochziegeln neu aufzuziehen. Die übrigen, an verschiedenen Stellen auftretenden Verschiebungen der Wände wurden belassen und nur im Ist-Zustand fixiert. Dazu verband man sowohl im Nord- wie auch im Südtrakt Mauerwerk und Tragebalken mit Hilfe von Stahlspangen und Winkeln. Das teilweise eingebrochene Bogenmauerwerk über dem Arkadengang wurde erhalten, indem man die eingedrückten Scheitel ausfugte und verpreßte. Hier wie auch bei der Sanierung anderer vorhandener Mauerwerksteile griff man ausschließlich zu alten Ziegelsteinen. Neue Steine wurden nur für neue, größere Mauerabschnitte verwendet.

Wo im Inneren Bohlenwände noch vollständig erhalten waren, hielt man diese sichtbar. Die im Obergeschoß neu eingebrachten Leichtbauwände wurden außen beplankt, innen mittels Mineralwolle gedämmt, mit Heraklith-Platten versehen und schließlich verputzt.

140 und 141 **Die völlig neu aufgemauerte Giebelwand des südlichen Rückgebäudes vor und nach der Fertigstellung.**

142 **Wiederhergestellte Arkadenbögen im Innenhof. Die Balkenköpfe wurden vermauert.**

Fenster und Türen

Die historisch vorgegebenen Formate der alten Fensteröffnungen und die angestrebte gestalterische Harmonie machten es erforderlich, die Verbundfenster komplett selbst zu planen und nach Detailzeichnungen durch Handwerker anfertigen zu lassen. Die aufliegenden Espagnolette-Beschläge ermöglichten sehr schlanke Fensterprofile. Die Fenstersimse wurden in den Innenräumen aus Fichte und an den verschalten Außenwänden aus Eiche, im übrigen aus Stein, d. h. Muschelkalk, gefertigt.

143 **Hier entstehen neue, aussteifende Fachwerkwände, die mit Spanplatten und Holzwoll-Leichtbauplatten als Putzunterlage beplankt werden.**

144 **Fenster an der nordseitigen Fassade.**

Angestrebt wurde es auch, die vorhandenen Türen zu erhalten, soweit sie gestalterisch wertvoll und in sanierungsfähigem Zustand waren. Dies galt etwa für die Eingangstüre zur Wohnung des Architekten, wobei hier auch die niedrige Höhe original beibehalten wurde. Viele andere, in neuerer Zeit eingebaute und unpassende Türen wurden entfernt und entweder durch Exemplare aus Abrißbauten oder durch Neuanfertigungen ersetzt. Hierbei entschied sich der Architekt für zweifeldrige, stumpf einschlagende Rahmenfüllungstüren mit stehender Bretterfüllung. Die massiven Türstöcke wurden in quadratischen Querschnitten verzapft und mit Holzdübelverbindung hergestellt.

Schalung, Putzarbeiten und Anstriche

Die Entscheidung, alle in Holzständerkonstruktion ausgeführten Außenwände zu verschalen, leitete sich in erster Linie aus bauhistorischen und gestalterischen Erwägungen ab. Zwar waren Wohn- und insbesondere Stadthäuser früher grundsätzlich nicht verschalt worden, jedoch erschien das Vorgehen gerechtfertigt, um eine visuell nachvollziehbare Abgrenzung zum Vollmauerwerksbereich zu schaffen. Das vollständig gemauerte Erdgeschoß blieb unverschalt, wie dies bei Massivziegelbauweise hergebrachte Regel war. Abschließend wurde Kalkputz aufgebracht.

Das vorhandene Mauerwerk sollte aus gestalterischen Gründen nach innen sichtbar gehalten werden. Um die damit verbundenen Nachteile für die Wärmedämmung auszugleichen, brachte man innen einen 4 cm starken Wärmedämmörtel auf. Wichtig dabei war, daß es sich um einen mineralischen Stoff mit guten bauphysikalischen und baubiologischen Eigenschaften handelte. Aus diesem Grund lehnte der Planer auch die Verwendung von Verbundplatten mit der gefürchteten Tauwasserbildung hinter der Konstruktion ab.

145 Neue Eingangstüre im Innenhof.

146 Auf die Außenwand wird die Unterkonstruktion der Holzschalung mit der Dämmschicht montiert.

147 **Verschalung und Farbkonzept sind hier sehr gut zu erkennen.**

Die Farbgebung von Hausfassade, Holzverschalung, Fenstern und Türen war im Grundsatz bereits im Entwurf und im zugehörigen Farbkonzept des Architekten festgelegt worden. Bei der Ausführung wurden in Zusammenarbeit mit Kunstmaler Prof. Georg Bernhard Farbmuster angelegt. Für die Wände in reiner Massivziegelbauweise erschien ein weiß abgetönter Anstrich mit Silikatfarbe als historisch stimmigste und gestalterisch schönste Möglichkeit. Bei den holzverschalten Partien entschied man sich für ein kalkiges Grau, das nach vielen Versuchen ohne Zugabe brauner Farbanteile gemischt wurde. Um dazu einen lebendigen Kontrapunkt zu schaffen, faßte man die Fenster in einem bräunlichen Rotton (»Ochsenblutrot«).

Böden und Beläge

Bei den Böden war im Kellerbereich der vergleichsweise größte Veränderungsbedarf gegeben. Die adäquate Nutzung der Gewölbe im Untergeschoß erforderte eine Absenkung des – nur aus gestampftem Lehm bestehenden – Kellerbodens um ca. 50 cm. Auf dem anschließend eingebrachten Estrich verlegte man Muschelkalkplatten. Im Bereich des Arkadengangs wurden die vorhandenen Solnhofer Platten erhalten und durch neue ergänzt. Bäder und Küchen wurden weiß gefliest.

Ansonsten erfolgte im Vorderhaus der Bodenaufbau auf den Balken aus einer Schicht Gipskarton (2 cm starke Duploplatten), dem 3 cm dicken Blindboden, Kreppapier als Rieselschutz, druckfester und elastischer Steinwolle zur Herstellung der Tritt- und Körperschalldämmung, den Lagerbrettern mit den darin verlegten Heiz- und Elektroleitungen sowie dem Bodenbelag aus Fichtenriemen. In den südlichen Gebäudeteilen verwendete man Buchenparkett anstelle des Fichtenriemenbodens.

148 **Arkadengang mit Belag aus teils alten, teils neuen Solnhofer Platten.**

Einbauten und Ausstattung

149 Das Fehlen von Decken schafft im Wohnzimmer der Familie Gerstmayer eine beeindruckende Raumwirkung.

In der eigenen Wohnung beließ Klaus Gerstmayer den Dachstuhl nach der Sanierung sichtbar. Dies bewirkt, daß ein sehr großzügiger Raumeindruck entsteht und die Ausstattung hervorragend zur Wirkung kommt. Mobiliar und andere Einrichtungsgegenstände vermeiden das Rustikale, aber vermitteln doch viel Wohnlichkeit. Den grundsätzlich von wohltuender Sachlichkeit geprägten Stil haben Klaus Gerstmayer und seine Frau auch mit asiatisch beeinflußten Möbeln bereichert. Hier zeigt sich, wie in einem alten Haus und mit der richtigen Innenarchitektur eine unvergleichlich intensive Atmosphäre entstehen kann. Das gilt nicht zuletzt für den sehr stimmungsvollen Gewölbekeller, der als Wohnraum und für Einladungen genutzt wird. Die verschiedenen Ebenen der Wohnung werden durch neue Stahltreppen verbunden, deren Geländer aus verzinktem Metallgitter bestehen und mit Handläufen aus Buchenholz versehen sind. Die zu Beginn der Sanierung vorhandenen Exemplare waren entweder marode, oder aber es handelte sich um fehlkonstruierte neuere Einbauten.

150 Einblick in die Küche. ▷

151 Der Gewölbekeller ist ein besonders stimmungsvoller Aufenthaltsbereich.

152 Eine Stahltreppe wird eingebaut.

153 Die weißen Stahltreppen mit Holzläufen fügen sich gut in die weiß gestrichenen Räume ein.

154 Durchblick zum Hintereingang – links der efeuumrankte Hausbaum, rechts der Geräteschuppen.

155 Städtisches Gartenidyll mit Bambus und Taglilien.

Die Gestaltung des Garten- und Hofbereichs

Als letzter Abschnitt wurden die Außenanlagen in Angriff genommen. Grundsätzlich stand bei den früheren städtischen Hausgrundstücken die Aufenthalts- bzw. Erholungsfunktion weit weniger im Vordergrund als heute, historische Vorgaben im eigentlichen Sinn existierten so nicht. Dementsprechend konnte und mußte hier ganz neu geplant werden, wobei allerdings stets das optimale Zusammenwirken mit dem Gebäude die gestalterische Richtschnur bildete.

Um die beim ganzen Bau durchgehaltene Harmonie der großenteils natürlichen Materialien nicht zu stören, andererseits aber eine gute Begeh- und Befahrbarkeit zu gewährleisten, entschied man sich bei Einfahrt und Innenhof für gebrauchte Granit-Kleinsteine. Damit wurde gleichzeitig auf ein regional bereits seit langem verwendetes Pflastermaterial zurückgegriffen.

Im südöstlich der Gebäude liegenden Garten entstand eine Terrasse, die in bewußter Abgrenzung zum Hof- und Einfahrtsbereich mit alten Vollziegeln gepflastert ist. Steinerne Tröge und ein gemauertes Brunnenbecken spenden Kühle. Die Gartenbepflanzung mit Blütenstauden wie Lavendel, Taglilien und Rosen wirkt wie eine selbstverständliche Ergänzung des alten Hauses. In diesem Teil des Gartens befindet sich auch der ebenfalls alte und sanierte Geräteschuppen, dessen Satteldach mit einem Magergrasbewuchs versehen ist. Eine wasser- und wurzeldichte Folie schließt nach unten ab. Gleich neben dem Häuschen erhebt sich der während der Sanierung gesicherte, am Stamm mit Efeu umwucherte alte Hausbaum. Die Fassaden und Aufgänge begrünte man mit selbstklimmendem wildem Wein (*Parthenocissus tricuspidata* 'Veitchii'), Clematis, Blauregen und Kletterrosen. Besonders die im Innenhof gepflanzte Rosensorte 'New Dawn' entfaltet eine enorme, rosa-weiße Blütenpracht.

Resümee

Heute, über zehn Jahre nach Ende der Sanierung, läßt sich bei der Betrachtung des Anwesens Kirchgasse 8 feststellen: Die Mühe hat sich gelohnt. Kaum mehr vorstellbar ist der ehemalige marode Zustand der Gebäude, denen 1981 wohl nur wenige die Chance auf eine solche Wiedergeburt gegeben hätten. Alle Bewohner fühlen sich wohl in dieser Anlage, ob nun im Parterre mit dem direkten Zugang zum ruhigen Innenhof oder unter dem Dach mit dem jahrhundertealten Dachstuhl über sich. Das große Verdienst für so viel Wohnqualität gebührt dem Planer und allen, die engagiert an diesem alles andere als einfachen Sanierungsprojekt mitgearbeitet haben. Man stelle sich vor, das Haus wäre nicht »entdeckt« und entsprechend seinem alten Charakter wiederbelebt worden: Der Verlust an kultureller Identität und baulicher Qualität wäre wohl kaum abzuschätzen.

Wichtige Adressen

Eigentümer/ Architekt:
Klaus Gerstmayer
Kirchgasse 8
D - 86150 Augsburg

Zimmermannsarbeiten:
Fa. Donat Müller
Hirblinger Str. 130 a
D - 86150 Augsburg

Malerarbeiten:
Fa. Bergmiller
Kl. Katharinengäßchen 7
D - 86150 Augsburg

Schlosserarbeiten:
Fa. Janitzky
Hunoldsgraben 41
D - 86156 Augsburg

156 Die Kletterrose 'New Dawn' beim Arkadengang.

157 Ansicht des fertig sanierten Hauses.

IV Traditionelle Aufteilung und zeitgemäße Nutzung: Ein Bauernhof aus dem Jahr 1794

DAS OBJEKT

Nahe dem oberbayerischen Schongau liegt der Weiler Erbenschwang, der für Arno Bayer und Felicitas Houtermans nach langer Suche zur neuen Heimat wurde. Das dort von ihnen zur Sanierung ausgewählte Haus steht am Nordrand einer großen Wiese, deren Mitte das aus dem 13. Jahrhundert stammende, romanische Dorfkirchlein St. Jakobus einnimmt. In der Nachbarschaft grasen Kühe und Pferde. In einiger Entfernung befinden sich andere, noch bewirtschaftete Bauernhöfe. Während die meisten der noch vorhandenen älteren Gebäude seit um 1900 errichtet wurden, blieb dieser Allgäuer Flachdachhof als einziger in seinem ursprünglichen Erscheinungsbild von 1794 erhalten. Dies begründete auch das große Interesse der Denkmalpflege an der Bewahrung und Sanierung des Anwesens.

Noch 1989 schien das unter Denkmalschutz stehende Haus dem Verfall preisgegeben. Unbewohnt und durch Wasserschäden in Mitleidenschaft gezogen, war es auf einen engagierten und mit großer Fachkenntnis ausgestatteten Retter angewiesen. Der Bauherr war sich über die Schwierigkeit der Aufgabe durchaus im klaren. Jedoch wogen für ihn die Vorteile der Lage mitten im Dorf neben der Kirche und das 2300 qm große Grundstück im Norden, auf dem viele alte Bäume standen, die Nachteile auf. Man entschied sich also zum Kauf.

Die Sanierung konnte Mitte des Jahres 1990 beginnen, der Einzug im zuerst fertiggestellten ehemaligen Stalltrakt fand bereits im Mai 1991 statt. Ende des Jahres 1992 konnte auch der alte und neue Wohnbereich bezogen werden. 1994 war die Sanierung im Grunde bis auf wenige Restarbeiten abgeschlossen und der Gartenbereich fertig angelegt.

Heute präsentiert sich der ehemalige Bauernhof großenteils wieder in seiner ursprünglichen Baugestalt, die historische Nutzungsaufteilung ist noch klar ablesbar. Wie seit ehedem betritt man das Haus durch die Eingangstüre an der südlichen Traufseite, Flur und Treppenhaus trennen die ehemaligen, westlich liegenden Wirtschaftstrakte (Stall und Scheune) vom Wohnbereich. Die Raumaufteilung im Wohntrakt veränderte man im Grunde nicht. An die erdgeschossige Stube schließen sich nördlich die Küche und das Eßzimmer an, im Obergeschoß befinden sich die beiden über der Stube bzw. dem Eßzimmer gelegenen Schlafzimmer sowie das vor der Sanierung nicht vorhandene Bad. Im ehemaligen Stall sind heute Behandlungsraum bzw. Gästezimmer, ein Lagerraum und Toilette (Erdgeschoß) sowie Büro (Obergeschoß) untergebracht; die Scheune wird als Lagerraum und Garage benutzt.

158 Erste Besichtigung des Anwesens, hier im Dachbereich.

160 Die historische Aufteilung ist heute noch klar ablesbar: Links der alte Scheunentrakt, in der Mitte der Stall, rechts der Wohnteil. ▷

159 Der ehemalige »Weißenbachhof« mit dem romanischen Dorfkirchlein.

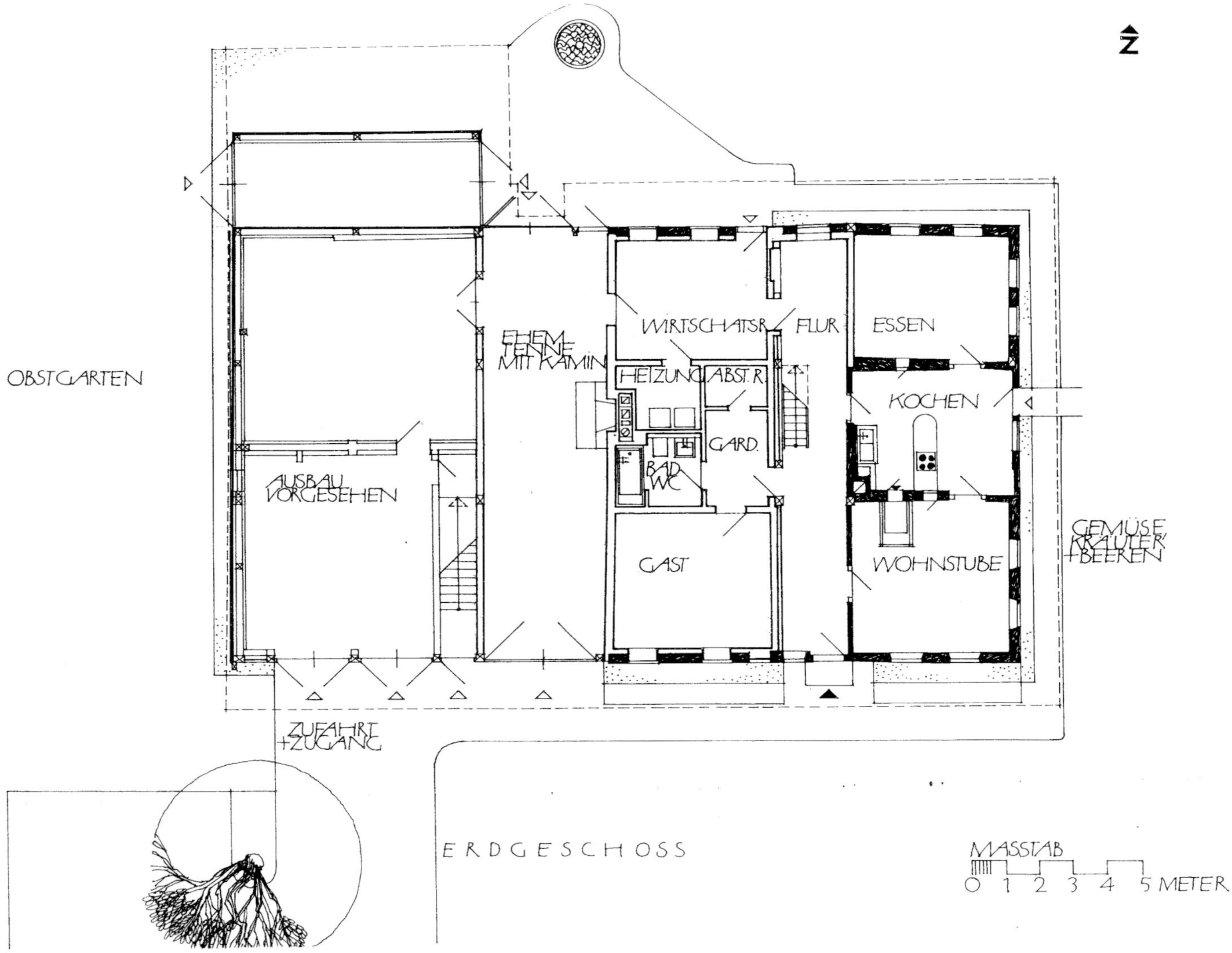

161–163 Grundrisse M 1:200

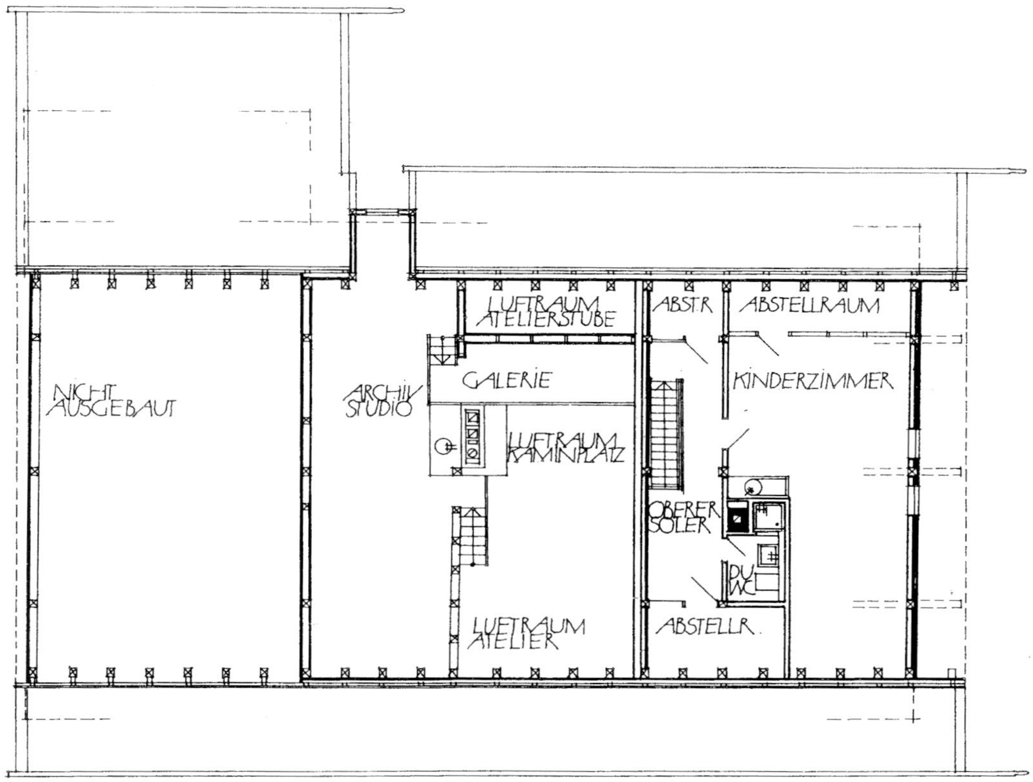

DACHGESCHOSS

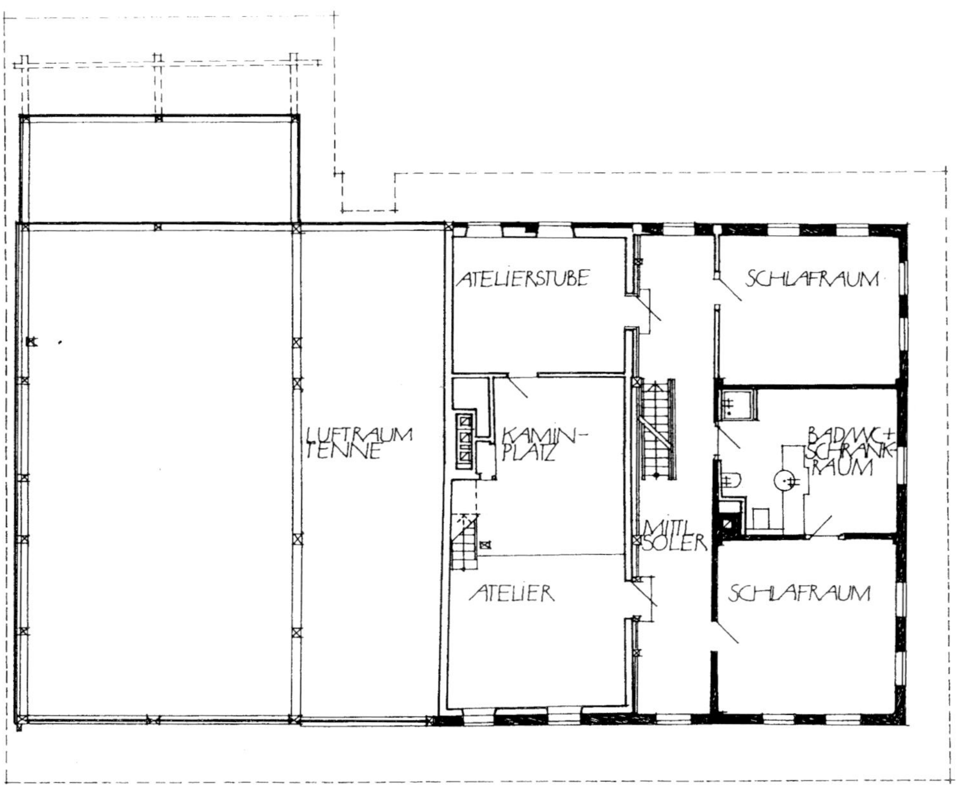

OBERGESCHOSS

DIE SANIERUNGSVORBEREITUNG UND -PLANUNG

Zielvorgaben

Arno Bayer verstand die Sanierung des halbverfallenen Bauernhofs in erster Linie als gefühlsmäßige Verpflichtung, ein (weitgehend originales) kulturgeschichtliches Zeugnis zu erhalten, das von früheren Lebens- und Wohnformen, Arbeitsweisen und Handwerkstechniken »erzählen« konnte. Ferner war die Unternehmung natürlich eine planerisch interessante Aufgabe. Die gestalterische Qualität des Hauses, insbesondere die stimmigen Gebäudeproportionen, die durchdachte Fassadengliederung sowie die interessanten Details (Malereien, Türen, Fenster etc.) trugen das Ihre zum Reiz des Anwesens bei. Insofern mußte es das Ziel sein, möglichst viel vom Vorhandenen zu retten und Neues ausschließlich dort, wo nötig (und unter Wahrung des alten Hauscharakters), einzubringen. Nur Bauelemente, die beim besten Willen nicht mehr gehalten werden konnten, sollten ausgewechselt werden.

Aufmaß, Bestandsuntersuchungen und baugeschichtliche Analysen

Die Erstellung eines genauen Aufmaßes und die ersten Befunduntersuchungen übernahm die Denkmalschutzbehörde am Landratsamt. Bereits vor dem Erwerb des Hauses durch seinen jetzigen Besitzer war ein vollständiges Architektenaufmaß in Auftrag gegeben und erstellt worden. Im Anschluß beauftragte man einen sanierungserfahrenen Restaurator mit einer Befunderstellung zu den Fassaden und Innenräumen. Diese Studie zeigte auch die möglichen Restaurierungsmöglichkeiten und -maßnahmen auf. Dokumentiert wurden etwa abgesägte Tragebalken und Datierungen. Am Balken über der Tenneneinfahrt fand sich die Jahreszahl 1794. Ferner wurde deutlich, daß die äußere und später aufgebrachte, zu dünne und harte Putzschicht Spannungen mit dem älteren Lehm-Häcksel-Putz verursacht hatte, die wiederum zu großflächigen Ablösungen (teils bis auf die Armierungslattung) geführt hatten. Besonders eingehend geprüft wurden die verschiedenen historischen Farbfassungen an Türen und Türstöcken, Fenstern, Wänden und Decken.

164 Vom Restaurator freigelegte und gesicherte alte Putzbefunde wurden – wie hier in der Wohnstube – an verschiedenen Stellen sichtbar gehalten.

165 Vorzustand des Gebäudes.

166 Nordansicht mit der einzigen vorhandenen Dachöffnung.

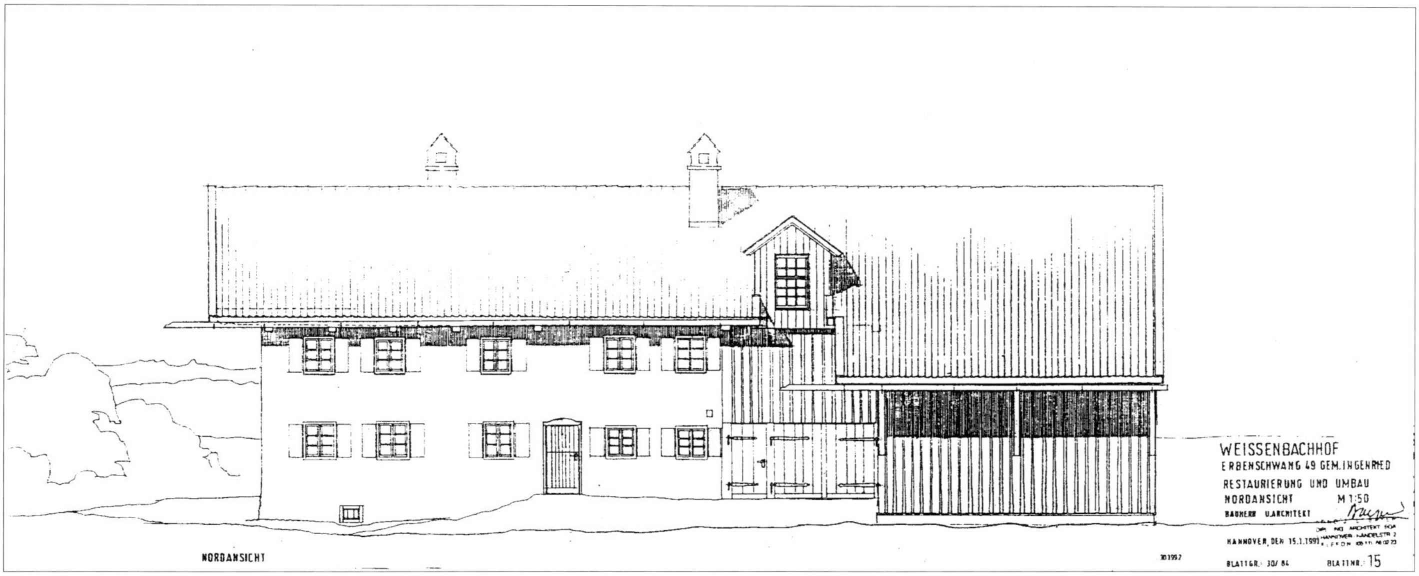

Von den Entwürfen zur Auftragsvergabe

Bezüglich der Farbgestaltung empfahl der Restaurator – ausgehend vom festgestellten Befund –, vor allem die historisch dominierenden Blau- und Weißtöne an der Fassade, aber auch in einem Teil der Innenräume beizubehalten oder wiederherzustellen.

Durch die Entnahme von Putzproben konnte man auf die Zusammensetzung des alten Kalkverputzes rückschließen, um beim Neuaufbringen des Putzes die gleichen Bestandteile und dasselbe Mischungsverhältnis zu erhalten.

Als erschwerend stellte sich heraus, daß die mehrjährigen vorhergehenden Feuerlöschübungen und die dadurch verursachten Wasserschäden sowie der dreijährige Leerstand die Holzkonstruktion schwer geschädigt hatten und deshalb viele Ständer, Balken und Sparren herausgenommen werden mußten.

Die Entwürfe entstanden 1990. Auf detaillierte Wirtschaftlichkeitsberechnungen, Finanzierungspläne und Kostenberechnungen konnte verzichtet werden, da der Planer sein eigener Bauherr war. Für den eigenen Bedarf wurde eine detaillierte Kostenberechnung erstellt. Zuschüsse nahm man aus Mitteln des bayerischen Entschädigungsfonds sowie der Flurbereinigungsdirektion (heute Direktion für Ländliche Entwicklung) in Anspruch.

Die Genehmigungs- und die Werkplanung waren bereits im Frühjahr 1990 fertiggestellt. Für die Holzverbindungen, Fenster, Beschläge etc., die großenteils von Hand angefertigt wurden, entstand eine Vielzahl von Detailzeichnungen.

Eine Ausschreibung wurde nur für Zimmermannsarbeiten, Heizungs- und Sanitärinstallation gemacht. Meist wurden in der Region ansässige Handwerksbetriebe mit Sanierungserfahrung ausgewählt. Zudem investierte der Besitzer viele Stunden an Eigenleistung, wobei ihm seine vor dem Studium absolvierte Zimmermannsausbildung zugute kam. Die restlichen Arbeiten wurden direkt vergeben und nach Stundenlohn abgerechnet. Da der Eigenümer und Planer bei den meisten Handwerksarbeiten selbst mitwirkte, war gleichzeitig eine ständige Bauaufsicht gewährleistet.

DIE PRAKTISCHE SANIERUNG

Vorarbeiten und Beseitigung von Feuchtigkeitsherden

Zunächst mußte der wohl im 20. Jahrhundert angebaute, durch Holzbockbefall schwer geschädigte südwestliche Scheunenanbau, die sogenannte Widerkehr, abgerissen werden. Damit präsentierte sich das Haus wieder in seiner ursprünglichen Gestalt als Einfirsthof mit Scheune im Westen, mittigem Stalltrakt und östlich abschließendem Wohnbereich. Als die nicht mehr verwendbaren Bauteile und der sonstige Bauschutt entfernt waren, konnte mit der Trockenlegung der Grundmauern begonnen werden. Der Boden im Bereich der Fundamente wurde 50–60 cm tief ausgehoben, anschließend wurde neu verputzt. Mit einer Kiesschicht füllte man den Graben wieder auf. Zusätzlich wurde gut geheizt. Durch die Ringführung der Heizleitung wird die Nässe gut weggetrocknet. Mit diesen Maßnahmen waren nach relativ kurzer Zeit die wichtigsten Feuchtstellen und Schädlinge beseitigt. Schwämme oder andere Pilze waren nicht vorhanden. Das Einziehen horizontaler Feuchtigkeitssperren wurde schon aus Kostengründen (ca. DM 600,– bis 800,– je laufendem Meter) gar nicht ernsthaft in Erwägung gezogen.

Konstruktion und Dachbereich

Zur Reparatur der tragenden Konstruktion nahm man die durchgefaulten Ständer komplett heraus, sämtliche konstruktiven Holzteile und damit auch der ganze Dachstuhl wurden ausgebaut bzw. abgetragen. Alle noch brauchbaren alten Teile verwendete man wieder, bei Sparren entfernte man die durchgefaulten Sparrenköpfe und ergänzte sie mit neuen Exemplaren. Die Hölzer wurden mit verdünnter Natronlauge gereinigt und mit Essigwasser abgewaschen.

Der Dachausbau im Osttrakt (ehemaliger Stall) ließ sich – abgesehen von einer Gaube auf der Nordseite – ohne größere Eingriffe in die Substanz und bei vollständiger Beibehaltung der geschlossenen Dachfläche (!) verwirklichen. Damit konnte auf Dachfenster ganz verzichtet werden, die Dachneigung und die geschlossene Gesamtwirkung des Daches blieben erhalten. Auf die von unten frei sichtbaren Dachsparren brachte man die Holzschalung, die Dämmschicht aus 14 cm starken Korkplatten und die mit versetzten Stößen ausgelegten Bitumenpappen auf. Die Bahnen wurden nicht verschweißt, sondern nur geheftet, um die Luft durchstreichen zu lassen. Die Dachdeckung besteht aus Falzziegeln. Ein Teil der abgetragenen alten Exemplare konnte wieder verwendet werden, jedoch zeigen mittlerweile doch einige davon Undichtigkeiten, wodurch Wasser auf die Balkenköpfe gelangen kann. Nach und nach ersetzt der Bauherr daher diese alten durch neue Dachplatten. Zum Auffangen des Regenwassers dienen wie früher Dachrinnen aus Lärchenholz, deren schmiedeeiserne Halterungen vom Handwerker angefertigt worden sind. Fallrohre sucht man vergeblich – entwässert wird direkt in Kiesstreifen, die das Wasser schnell nach unten abfließen lassen.

167 Die in späterer Zeit angebaute Widerkehr wurde wegen Schädlingsbefalls und daraus resultierender Zerstörung der Holzstruktur abgebrochen.

168 Die alte Dachdeckung wird heruntergenommen.

169 Thilo Bayer wäscht die alten Sparren mit Essigwasser. △

170 Die neuen Pfettenköpfe werden herausgearbeitet. △

171 und 172 Das neue Dach entsteht: Links sind die Pfetten, rechts auch schon die Sparren und die Holzschalung aufgebracht. △

173 Dachuntersicht: Schön zu erkennen sind die alten Holzverbindungen und die hölzerne Dachrinne. ▷

Ausfachungen und Maurerarbeiten

Den ursprünglich vollständig in Holz-Lehm-Bauweise (d.h. mit Lehm ausgefachte Holzständerkonstruktion) ausgeführten alten Wohntrakt stellte man nach der Reparatur der Holzkonstruktion genau nach dem alten Vorbild wieder her. Dazu wurden je 1/3 Anteile Lehm, Sand und Stroh in einer Brotteigmaschine mit Wasser angemischt. Diese Masse wurde dann von Hand zwischen die angebrachte Lattung eingeworfen und hineingepreßt. Dieser Arbeitsgang war bis zur vollständigen Verfüllung der Gefache mehrmals zu wiederholen.

Das im Stallbereich schon vor Sanierungsbeginn vorhandene, 24 cm starke Massiv-Ziegelmauerwerk wurde vollständig belassen und innen mit 17,5 cm starken Hochlochziegeln verstärkt. Da das alte Mauerwerk keine horizontale Feuchtigkeitssperre aufwies, mußten durch die zusätzliche neue Wand trockene Innenräume hergestellt werden.

174–176 Das Gemisch aus Lehm, Sand und Stroh wird innen und außen zwischen die Lattung eingefüllt.

177 Der wie vorher gestaltete und völlig in Holzbauweise ausgeführte Stallteil während der Erneuerung (Südseite). Noch fehlen einige Wandelemente. Gleichzeitig wird am Dach weitergearbeitet.

179 Im ehemaligen Stall wird eine neue zweischalige Ziegelwand eingezogen.

178 Detail der Tennenwand mit doppelten Kopfbügen und ornamental gestalteter Traufpfette.

Heizungs-, Elektro- und Sanitäranlagen

Der vorhandene Kamin für den Rauchabzug aus der »guten Stube« und der Küche wurde abgebrochen und neu aufgezogen. Hinzu kam ein neuer Schornstein für die Gaszentralheizung, die im ehemaligen Stallteil eingebaut wurde. Neben der Gaszuleitung und der Kanalisation mußten auch die Installation für die Heizungsanlage sowie die Sanitär- und Elektroausstattung völlig neu verlegt werden. Die vor der Sanierung gar nicht vorhandenen Bäder und Toiletten wurden in den bestehenden Räumen (im Erdgeschoß des ehemaligen Stallteils und im Obergeschoß des Wohntrakts) untergebracht, ohne die Grundrisse zu verändern.

Fenster und Türen

Die vorhandenen Fenster mußten aufgrund der Wasserschäden herausgenommen werden. Sie dienten jedoch als Muster für die neu angefertigten Holzkastenfenster mit Einfachverglasung. Manche der alten Fensterzargen waren noch verwendbar. Die schmiedeeisernen Beschläge und die Griffe sind teils Neuanfertigungen, teils alte Exemplare aus Abbruchhäusern.

Von den Türen konnte etwa die besonders schöne, aus der Erbauungszeit stammende Eingangstüre restauriert, d. h. abgeschliffen und neu gestrichen werden. Hier mußte sehr oft ausprobiert werden, bis letztendlich die richtigen Farbtöne getroffen wurden. Die Verbindungstüren zwischen Flur und Stube bzw. Küche konnte man ebenfalls erhalten. Die meisten anderen Türen wurden gemäß dem Vorbild der alten Exemplare in massivem Fichtenholz nachgebaut.

180 Ein altes Fenster, das nicht erhalten werden konnte.

181 Die neuen Fenster sind eingebaut.

182 Auf diesem Bild sind die angefertigten Beschläge schön zu erkennen.

183 Die Eingangstüre und die Fenster nach dem Endanstrich.

184 und 185: Die alten Küchen- und Stubentüren wurden vorsichtig restauriert.

Putzarbeiten und Wandanstriche

An den Außenseiten mußte der gesamte Putz heruntergenommen werden. Bei einem Stück auf der Nordseite war in jüngerer Zeit Zementputz aufgebracht worden, der zu den vorhandenen Mauerwerksschäden beigetragen hatte und nun unter großem Aufwand mit dem Preßlufthammer entfernt werden mußte. An einigen kleineren Stellen im Inneren, so etwa im Eßzimmer und bei der Treppe im Flur, konnte die vorhandene alte Putzschicht erhalten werden. Sämtliche übrigen Wände außen wie innen erhielten einen Kalkverputz, der zum Ausgleichen von Unebenheiten in vier bis fünf Lagen aufgetragen wurde.

Zur Verbesserung der Putzhaftung hatte man auf der Lattung ein Ziegeldrahtgitter angebracht. Der Putz wurde in Fresko-Technik, d. h. in noch nassem Zustand, weiß gekalkt. Die Wände in den Innenräumen tönte man pastellig ab, wobei die Wahl für die meisten Zimmer auf einen lichtblauen, für einige Räume (Bad, Schlafzimmer) aber auch auf einen hell ockerfarbenen Ton fiel.

186 Der alte Putz wird entfernt. An der Stelle der ausgemauerten Zwischenräume links im Bild befanden sich früher die hölzernen Ständer, die aber zu starke Wasserschäden aufwiesen. ▽

Böden, Beläge und Decken

Der Bodenunterbau im Erdgeschoß besteht aus Betonstempel, Dichtungsfolie, 5 cm starken Dämmplatten (Isodur) und der 45 cm starken Estrichschicht. Als Dämmaterialien kamen in Bereichen mit Holzbalkenboden entweder Ziegel und Perliteschüttung (Wohnstube) oder trockener Flußsand (Obergeschoß) zum Einsatz. Allerdings genügt dieser nur bescheidenen Ansprüchen an die Schalldämmung. In lärmempfindlichem Umfeld sollte man daher zu einem anderen Material greifen.

Im heutigen Wohnzimmer, der Stube, wurde der alte Fichtendielenboden einschließlich des darunterliegenden Aufbaus belassen, im Eßzimmer mußten aufgrund zu starker Schädigungen neue Dielen verlegt werden. Demgegenüber fiel bei Flur, Küche und Bad im Erdgeschoß die Wahl auf rote, hart gebrannte Tonfliesen der Größe 20 x 20 cm. Das Bad im Obergeschoß wurde mit identischen Platten, die restlichen Räume – also Schlafzimmer, Kammer und Büro – wiederum mit Fichtenriemen ausgelegt. Im Schlafzimmer konnte man dabei als Ersatz für die vorhandenen, maroden Exemplare auf etwa gleich alte, intakte Dielen zurückgreifen.

An den Decken des Schlafzimmers im Obergeschoß wurden die dort noch intakten alten Holzpaneele belassen. Im Wohnzimmer und im Eßzimmer nahm man die Kassettendecken heraus, schliff sie ab und baute sie in neuer Rahmenkonstruktion wieder ein. Sie wurden in Natur belassen, also nicht behandelt.

187 Der Bodenbelag aus Tonfliesen verleiht den Räumen (hier die Küche mit Durchblick zum Eßzimmer) trotz des eigentlich »kalten« Materials eine warme Atmosphäre. ▷△

188 Der neu entworfene Stubenofen (rechts die mit einem Türchen verschlossene alte Abstellnische). ▷

Die Innenausstattung und Einrichtung

Das alte Bauernhaus in Erbenschwang wirkt bodenständig, aber weder außen noch innen rustikal. Vielmehr waltet auch im Inneren das Gespür für passende Einrichtung und Zusammenstellung. Die glänzende Stahlskulptur im Hausgang steht neben der alten Holzwand mit ihren zahlreichen, von der Zeit gerissenen Spuren genau richtig. Geschichtlich interessante Details wie die Abstellnische in der Wand begleiten neue Bauteile wie den einfachen, klar geformten Stubenofen, der am alten Platz des Vorgängers gleich neben der alten Stubentüre postiert ist.

Ein schönes Beispiel für die Sensibilität des Bauherrn ist die Geschichte mit den Küchenfliesen. Lange war nach geeigneten alten Exemplaren aus der Gegend gesucht worden, ehe man sich schließlich – anfangs schweren Herzens – für Stücke aus Norddeutschland bzw. Friesland entschied, die wie das Haus selbst aus dem 18. Jahrhundert stammen. Sie passen herein, als seien sie schon immer hier gewesen. Dies gilt aber auch für vom Architekten selbst neu entworfene, einfach-modern konzipierte Ausstattungsgegenstände, so etwa für den Eschenholzspiegel im Badezimmer. In jedem Raum etwas Neues, aber eine stimmige Gesamterscheinung.

◁ 189 Bei der Einrichtung der Küche dominierten einfache Formen. Die alten Kacheln setzen einen farblichen Kontrapunkt zu den Braun- und Rottönen.

191 Das Atelier im ausgebauten Dachraum. Vom Niveau des Obergeschosses gelangt man innerhalb dieses Raums zu zwei weiteren Ebenen empor.

◁ 190 Das Schlafzimmer im Obergeschoß. Alte Farbbefunde an Türe und Decke wurden erhalten oder wiederhergestellt.

192 Der Hauseingangsbereich nach der Sanierung.

In Hinsicht auf die bäuerliche Vergangenheit und den Charakter des Hauses erschien es passend, auch die Gestaltung der Außenanlagen eher ländlich und einfach zu halten. Direkt beim Eingang an der Südseite steht nun ein Birnbaumspalier, Rosen und Blütenstauden bilden einen blühenden Saum entlang des ziegelbelegten Weges und der weißen Hauswand. Auf der Westseite wurde ein Obstgarten angelegt. Im Garten auf der Nordseite, der den Übergangsbereich zum angrenzenden Hang bildet, gedeiht die zweimal im Jahr gemähte Blumenwiese. Auf der Seite des Ostgiebels tritt man aus der Küche auf einen Freisitz, der mit den auch in den Innenräumen verwendeten frostharten Tonplatten belegt und mit Johannisbeersträuchern umpflanzt ist. Die teils zur Wegepflasterung verwendeten, nicht frostharten alten Ziegel werden nach und nach durch witterungsbeständige Platten ersetzt.

193 Der neu geschaffene Freisitz auf der Ostseite.

Resümee

Nach dem Abschluß der sehr respektvollen und sorgfältigen Sanierung erstrahlt der ehemalige Bauernhof wieder im weißen Glanz seiner Fassade, die mit altbewährten Handwerkstechniken erneuert wurde. Der Architekt und seine Familie scheuten keine Mühen, um dem alten Gebäude seine Würde zurückzugeben. Man spürt, daß hier Menschen ihre Aufgabe auch darin gesehen haben, ein Stück Geschichte zu erhalten. Sie nehmen knarzende Stufen einer jahrhundertealten Treppe nicht als Belästigung, sondern als Lebenszeichen wahr. Die historische Aufteilung des Gebäudes blieb erhalten, kann aber dennoch alle Nutzungsanforderungen sehr gut erfüllen. Genügend Wohnräume, mehrere Bäder und Toiletten, Büros bzw. Ateliers und ein riesiger Garagen- und Abstellraum in der alten Scheune lassen diesbezüglich keine Wünsche offen. Bewundernswert gut gelöst aber ist die selbstgestellte Aufgabe des Dachausbaus. Während andere das Dach mit falschen Gauben verunstaltet oder aufgestockt, mit großer Geste verändert und damit dem Haus das Charakteristische genommen hätten, schuf Arno Bayer viel neue Fläche unter dem Dach bei voller Beibehaltung der historischen Gestalt.

Wichtige Adressen

Eigentümer/ Architekt:
Arno J. L. Bayer
Erbenschwang 49
D - 86980 Ingenried

Restauratorische Untersuchung:
Erwin Wiegerling
Erlenstr. 12
D - 83646 Bad Tölz - Gaißach

Zimmermannsarbeiten:
Fa. Bertl
D - 86989 Steingaden - Wildsteig

Schreinerei:
Fa. Niggl
D - 86983 Lechbruck

Maurerarbeiten:
Fa. Humm
D - 86983 Lechbruck

Sanitärarbeiten:
Fa. G. Ohnesorg
D - 86980 Ingenried

194 Wohntrakt mit den neu gepflanzten, einheimischen Bäumen und Sträuchern.

V Restaurierung und Innovation: Ein Mietshaus der Jahrhundertwende

DAS OBJEKT

Der ehemalige Ostberliner Stadtteil Prenzlauer Berg zählt augenblicklich zu den größten zusammenhängenden Sanierungsgebieten in Europa. Vor allem aber gilt er auch als lebendigster und spannendster »Kiez« der Metropole. Nicht zuletzt die in unserem Beispielanwesen untergebrachten Kneipen bzw. Restaurants »Pasternak« und »Wasserturm« sind beliebte Adressen für alteingesessene und neu zugezogene »Prenzelberger«. Immer mehr junge, teils sehr gut verdienende Neumieter wollen das Flair des Stadtteils genießen. Das Land Berlin hat das Viertel, um den weiteren Verfall der Bausubstanz und gleichzeitig die Verdrängung der alten Bevölkerung zu verhindern, zum Sanierungsgebiet erklärt, was mit weitgehenden Mieterschutzbedingungen verbunden ist. Öffentliche Förderung unterstützt die Bauherren bei der Sanierung, so gibt es etwa das Programm Soziale Stadterneuerung – wie in unserem Beispiel – oder stadtweite Maßnahmen. Besagtes Programm ist verbunden mit umfangreichen Abstimmungen zwischen Bauherr, Architekt, Mietern und Mieterberatung sowie dem Sanierungsträger S.T.E.R.N. des Landes Berlin. Dabei werden etwa Themen wie Grundrißveränderungen und Wohnungsausstattung geklärt. Wiedereinzugsgarantie für die Mieter und Mietpreisfestschreibung sind selbstverständlich. Die Sanierungsverwaltungsstelle übernimmt die Kosten des Mietauszugs während der Sanierungsmaßnahmen und die Kosten des Mietrückzugs und entschädigt die Mieter für Schönheitsreparaturen sowie eigene Modernisierungsmaßnahmen.

Bei dem hier näher zu betrachtenden Eckhaus mit drei Eingängen – Rykestraße 54 / Knaackstraße 22 und 24 – handelt es sich um ein zwischen 1903 und 1907 im neobarocken Stil erbautes Mehrfamilienwohnhaus, das eine reichhaltige Stuckfassade aufweist und zwischen dem zweiten und vierten Obergeschoß mit Backsteinmauerwerk verblendet ist. Je Aufgang waren acht Wohnungen vorhanden. Im Erdgeschoß befanden sich Gewerbe- oder Gastronomiebetriebe. Die ursprünglich von Stuckelementen schier überquellende Fassade (etwa mit Pilastern an allen Erkerecken) wurde dann wohl in den 20er Jahren verändert und der zeitgemäßen klareren Formensprache angepaßt. Zeitgeschichtlich hochinteressant ist die Tatsache, daß die im Hinterhof des Anwesens vorhandene Synagoge in der Pogromnacht 1938 wohl nur deshalb von den Nationalsozialisten verschont blieb, weil die Berliner Feuerwehr ein Übergreifen des Brandes auf die nahen Wohnhäuser an der Knaack-/Rykestraße befürchtete.

Nach dem Zweiten Weltkrieg diente das Gebäude als russische Armeekommandantur, im Keller von Rykestraße 54 dürfte wohl ein Gefängnis untergebracht gewesen sein. Danach wurden Erdgeschoß und erstes Obergeschoß als Meldestelle der DDR-Volkspolizei, die übrigen Stockwerke wieder als Wohnungen genutzt. Die Wiedervereinigung brachte zunächst einige Besitzerwechsel mit sich, ehe das Objekt im März 1995 vom Architekten Wolf-Dieter Borchert in ziemlich desolatem Zustand erworben werden konnte. Die Sanierungsplanungen und Ausführungen begannen unverzüglich. Für die heute größtenteils wieder eingezogenen Mieter wurden in gemeinsamer Abstimmung mit der Sanierungsverwaltungsstelle Übergangswohnungen organisiert. Die heute im Erdgeschoß untergebrachten Gastronomiebetriebe (»Pasternak«, »Wasserturm«, »Tantalus« und »Sevilla-Bar«) konnten ihren Betrieb während der Sanierung weiterführen. Zur Jahreswende 1996/97 waren die wichtigsten Arbeiten beendet. Heute sind insgesamt 16 Sozialwohnungen (in den Obergeschossen zwei bis vier) sowie drei weitere, nicht mietpreisgebundene, freifinanzierte Wohnungen im ausgebauten Dachgeschoß vorhanden. Im ersten Obergeschoß befindet sich das Architekturbüro des Eigentümers.

DIE SANIERUNGSVORBEREITUNG UND -PLANUNG

Aufmaß, Bestands- und Befunduntersuchungen

Nachdem das Haus von Planer und Eigentümer untersucht und als zwar schwieriges, aber machbares und vor allen Dingen sehr reizvolles Sanierungsobjekt erkannt worden war, konnte es für DM 4,5 Mio. erworben werden. Zur Vorbereitung der praktischen Sanierung wurde nun die Erstellung eines Aufmaßes nötig. Da sich die konstruktiven und statischen Verformungen aufgrund des relativ geringen Alters und nur geringfügiger Beschädigungen in Grenzen hielten, genügte das gängige Architektenaufmaß. Dieses und die mit dem Tragwerksplaner durchgeführten Bauuntersuchungen brachten einige geringfügige Problemstellen. So hatten die freigelegten Deckenbalken im ersten Obergeschoß um ca. 13 cm unterschiedliche Höhen, die auch im Bereich der Fensterstürze feststellbar waren. Dieses Problem wurde durch die konstruktive Veränderung der Deckenbalken und den Einbau abgehängter Decken gelöst. Schwerere konstruktive Schäden waren aber nicht vorhanden.

Auf der Basis von Fassadenuntersuchungen wurde ein genauer Schadensplan entworfen, der als weitere wichtige Grundlage für die Planungen diente. Oberhalb des dritten Obergeschosses waren nur noch geringe Fragmente der ursprünglichen Stuckelemente vorhanden. Die noch vorgefundenen Stuckelemente wurden 1:1 am Ort aufgenommen und zeichnerisch umgesetzt. Diese dann noch herunterverkleinerte Darstellung nutzte man für die weitere restauratorische Bearbeitung. Architekt, Restaurator und Denkmalschutzbehörde stimmten sich bezüglich der nachempfundenen, völlig authentisch wirkenden neuen Formen ab.

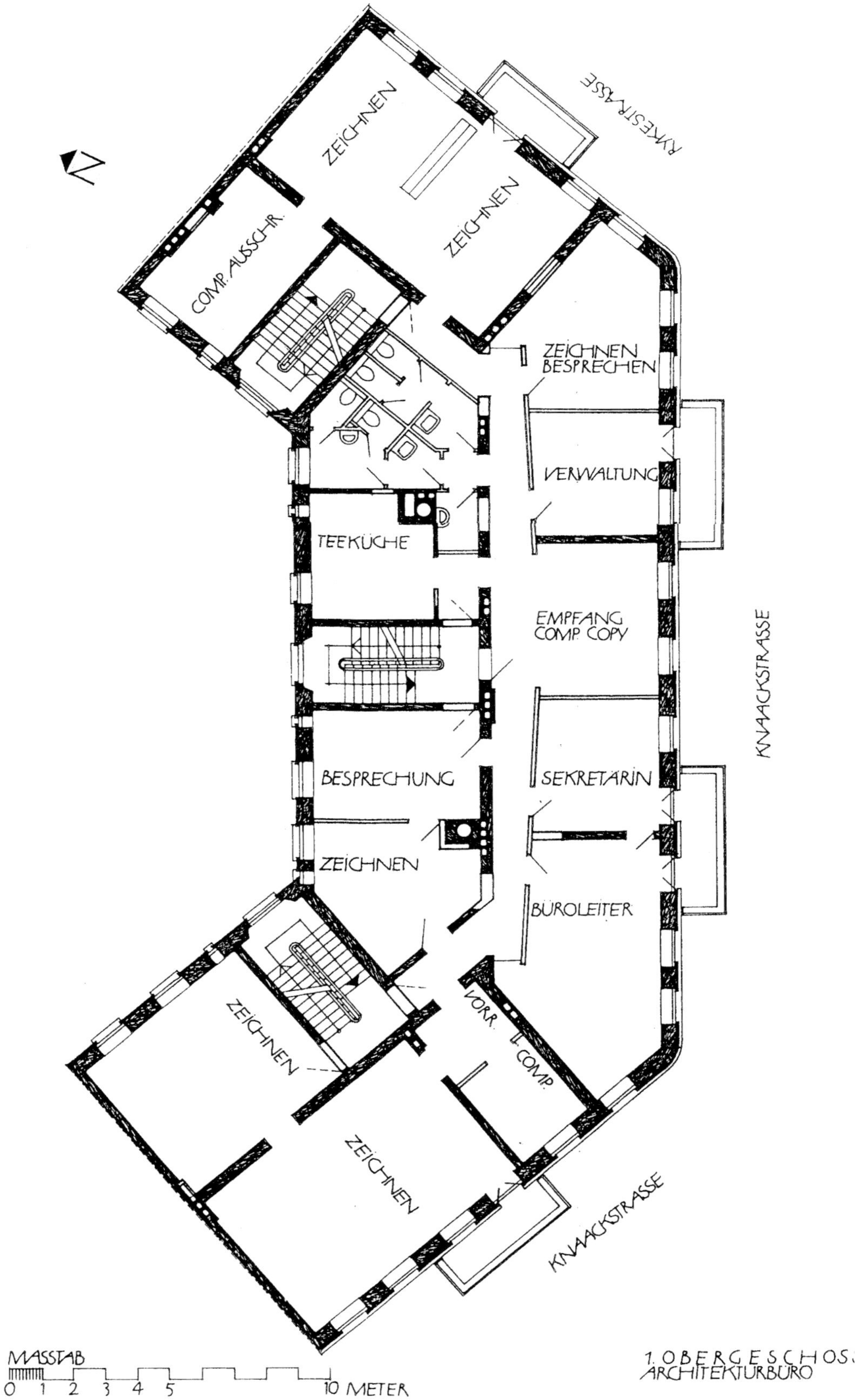

195 Grundriß M 1:200

196 Das Beispielobjekt in Berlin-Prenzlauer Berg nach der Sanierung.

197 Außenfassade eines im Erdgeschoß untergebrachten Restaurants (Zustand nach der Sanierung).

198 Blick vom Treppenhaus zur Synagoge.

199 Den schlechten Zustand der Fassade vor der Sanierung zeigt dieser Eingangsbereich von Knaackstraße 24.

Die Denkmalschutzbehörde beauftragte einen Restaurator mit Untersuchungen an den Fassaden und im Treppenhaus, die insbesondere Aufschlüsse hinsichtlich der ursprünglichen Farbgestaltung (Mineralfarbenanstrich) erbringen sollten. Die im Fassadenbereich vorgefundenen Farben wurden wiederhergestellt. Die im Treppenhaus ursprünglich vorhandenen Stuckelemente sind mit den Jahren entfernt worden und konnten nicht wiederhergestellt werden. So ist das Treppenhaus in der heutigen modernen Farbgestaltung überarbeitet worden. Im Treppenhaus von Knaackstr. 22 wurde im zweiten Obergeschoß eine Befundstelle der ursprünglich vorhandenen Deckenanstriche belassen. Der zwischen dem zweiten und vierten Obergeschoß vorhandene Verblendstein der Fassaden wurde auf seine Zusammensetzung hin untersucht und nachgebrannt. Ergänzend gab der Eigentümer eine Dokumentation über die Restaurierungsarbeiten der Fassaden in Auftrag, die Ende 1997 vorlag.

Zielvorgaben

Für den Erwerb des Anwesens war für Wolf-Dieter Borchert – neben der reizvollen Vorplatzsituation beim alten Wasserturm, der Synagoge im Blockinneren sowie der dem Viertel eigenen Atmosphäre – in erster Linie die historische Fassadengestaltung des Hauses ausschlaggebend gewesen. Die Wechselwirkung des roten Klinkers mit dem Außenputz und den Stuckelementen wollte der Planer deshalb unbedingt wiederherstellen, ohne dabei übertrieben zu historisieren. Dies war aufgrund der zahlreichen neu anzufertigenden Details sicherlich eine gewisse Gratwanderung, die jedoch zweifelsohne gelungen ist. Bewußt beschränkte sich die Wiederherstellung auf den Zustand nach der ersten großen Veränderung in den 20er Jahren. Die Alternative wäre nur das Belassen als verfallendes historisches Zeitdokument gewesen – keine sehr erstrebenswerte Aussicht für Haus und Mieter! Mit größtmöglichem Respekt vor der Substanz sind die meisten vorhandenen und intakten Originalbauteile erhalten und – wo sie fehlten – durch originalgetreue Nachbildungen ergänzt worden. In einzelnen, gezielt ausgesuchten Fällen wählte man allerdings auch bewußt neuentworfene Elemente, um die moderne Formensprache in einen kreativen Kontrast zur Altbausubstanz zu setzen.

Von der Entwurfsplanung zur Auftragsvergabe

Ab Mai 1995 wurden, aufbauend auf den bisherigen Untersuchungen, der Entwurf und auf dessen Grundlage die Kostenermittlung mit dem Finanzierungsplan erstellt. Die Bankkredite zu erhalten, erwies sich nach den vorbereitenden Besprechungen und der gemeinsamen Besichtigung des Gebäudes als unproblematisch. An öffentlichen Fördermitteln konnte auf Zuschüsse aus dem Programm Soziale Stadterneuerung in Höhe von ca. DM 2,78 Mio. zurückgegriffen werden. Die Gesamtsanierungskosten einschließlich des Dachgeschoßausbaus beliefen sich auf ca. DM 6,3 Mio. Nach der bau- und sanierungsrechtlichen Genehmigung konnten die Arbeiten ab Juli 1995 ausgeschrieben und vergeben werden. Die Sanierung begleitend, wurde dabei der Ausbau der Dachräume geplant und durchgeführt. Die Bauarbeiten begannen im September 1995.

200 Untersuchung der Bausubstanz. Hier der untere Bereich eines Erkers.

DIE PRAKTISCHE SANIERUNG

Wandsanierung und Maurerarbeiten

Zunächst wurden die Kelleraußenwände bis auf Fundamenttiefe freigelegt, um etwaige Schäden beheben und Maßnahmen gegen das Eindringen von Feuchtigkeit ergreifen zu können. Zwar war keine übermäßige Wanddurchfeuchtung vorhanden, jedoch wurde zur vertikalen Abdichtung außen eine Spachteldichtung aufgebracht. Auf das Einbringen einer horizontalen Feuchtigkeitssperre konnte verzichtet werden. Um die Kellerräume besser nutzen zu können, wurde die geringe Kellerhöhe vergrößert, indem die vorhandenen Bodenbeläge ausgebaut, Erdreich ausgehoben und eine neue Kellersohle eingebracht wurden. Maueröffnungen und Wohnungsgrundrisse veränderte man nur in einigen wenigen Fällen. Teils wurden zusätzliche Trennwände eingebracht, z. B. für die bessere interne Erschließung des Architekturbüros im ersten Obergeschoß, um das mittlere Treppenhaus sinnvoll zu umgehen. Dabei war es jedoch das Ziel, die neuen Bauteile klar ablesbar zu machen. Dies wurde mit einer frei in den Raum gestellten, schräg verlaufenden leichten Trennwand erreicht. Diese ist mit Glaselementen im Bereich des Deckenanschlusses und der Wandanschlüsse optisch von den übrigen Wänden abgelöst.

201 Abdichtung der Kelleraußenwände: Herstellen einer Kehle zum Fundament als Grundlage für die Dichtung.

202 Der Anschluß der Spachteldichtung an den Lichtschacht wird hergestellt und eine Noppenfolie angebracht.

Heizungsanlage, Energieversorgung und Haustechnik

Eine der vorhandenen Kamingruppen (Knaackstr. 24) wurde auf der Länge vom Dach bis zum Kellergeschoß herausgenommen. Die übrigen noch verbleibenden, aber nicht mehr benötigten Schornsteine wurden ausgebrannt, über Dach und innerhalb des Dachgeschosses abgetragen und stillgelegt. Teilweise dienen sie nun als Leitungsbahnen für die Elektroinstallationen, als Abluftschächte für die Heizzentrale und (nach dem Einbau von Innenrohren) der innenliegenden Bäder und der Gaststätten. Ferner werden auch die Abgase des im Kellergeschoß untergebrachten Blockheizkraftwerkes in eigenen Rohren über Schornsteine geleitet.

Die gesamte Haustechnik im Gebäude ist ab den Hausanschlüssen neu installiert worden. Das Blockheizkraftwerk im Kellergeschoß besteht aus zwei Modulen mit gasbetriebenen Motoren, die Strom und Wärme erzeugen. Ein zusätzlicher Heizkessel deckt den auftretenden Zusatzbedarf ab. Ein Spitzenlastkessel für sehr kalte Tage ist ebenfalls in die Gesamtanlage integriert. Das Blockheizkraftwerk wirkt zusammen mit der heute auf dem Pultdach angebrachten großen Photovoltaik-Anlage, die Strom erzeugt, Verbrauchsspitzen senkt und sogar den Verkauf des Stroms an einen Nachbarn und die Berliner Elektrizitätsgesellschaft Bewag ermöglicht. Die auf den Dachsparren montierte Photovoltaikanlage besitzt eine elektrische Gesamtleistung von 4400 Wp. Insgesamt wurden 80 Photovoltaik-Module installiert. Jeweils 40 Module werden an einem Verteiler zusammengeführt, der auf dem Dach unterhalb des entsprechenden Feldes installiert ist. Von diesen beiden Verteilern führt jeweils eine getrennte Zuleitung zu den zwei im Dachgeschoß (Knaackstr. 24) installierten Wechselrichtern. Die Kosten der Photovoltaik-Anlage beliefen sich auf etwa DM 73.000,–, die für die Heizzentrale und das Blockheizkraftwerk auf DM 182.000,–. Die Einnahmen aus der Stromeinspeisung werden zur Senkung des Wärmepreises im Haus sowie anderen notwendigen Investitionen verwendet.

203 Das Modul des Blockheizkraftwerks im Heizungsraum.

204 Die auf dem Flachdach installierte Photovoltaik-Anlage.

Dacharbeiten und Dachausbau

Da die Dachkonstruktion insgesamt in gutem Zustand war und nur einzelne Hölzer aufgrund von Schädlingsbefall ausgewechselt werden mußten, konzentrierte sich die Arbeit an der Veränderung der Dachkonstruktion auf die vorgesehene neue Nutzung als Wohnraum bei Erhalt der vorhandenen Struktur. Straßenseitig wurden im Bereich der Steildachflächen oberhalb der vorhandenen Erker Rundbogengauben eingebaut. Die Belichtung der Wohnungen erfolgt darüber hinaus über von unten kaum sichtbare Dachflächenfenster und in die Steildachflächen integrierte Balkone. Lichtkuppeln auf dem Pultdach sorgen für weiteres Sonnenlicht. Auf den Pultdächern können aufgrund des stabilen Unterbaus ggf. Dachterrassen eingerichtet werden. Zum Hof hin sind die in der Außenwand vorhandenen Fenster im Hinblick auf eine bessere Belichtung etwas vergrößert worden, wobei die Hierarchie bzw. Proportion der Fensterteilung gewahrt wurde. Im Steildachbereich wurde mit Tonziegeln, im Flachdachbereich mit Bitumenbahnen gedeckt bzw. gedichtet. Die verwendeten Bitumenbahnen ermöglichen ohne weitere Schutzschichten den Aufbau eines extensiven Gründaches.

205 Die nicht mehr verwendbaren Teile der Dachschalung werden ausgewechselt.

206 Einbau der Kaltdachentlüfter und Abdichtung der Dachflächen.

207 Die neuen Rundbogengauben im Steildachbereich werden als Zimmermannskonstruktion hergestellt und mit Dachpappe vorläufig abgedichtet.

208 Teils erneuerte Stiele und Sparren im Dachstuhl.

209 In der Werkstatt werden die Stuckelemente (Konsolen, Rosetten, Balustraden) nachgebildet. Die Teile werden nach der Herstellung aus der Gußform entnommen.

Putzarbeiten und Anstrich

Die Putz- und Stuckelemente der Fassaden mußten vollständig erneuert werden. Das vorhandene Verblendmauerwerk wurde gesäubert, die Fugen wurden 2 cm tief ausgekratzt und neu verfugt. Fehlende Steine wurden nachgebrannt und unauffällig in das vorhandene Gefüge eingepaßt.

Beim Fassadenanstrich richtete man sich nach dem Ergebnis des vorliegenden Gutachtens. Das ausgewählte, helle Beige ist eine mineralische Farbe (Fabrikat Keim).

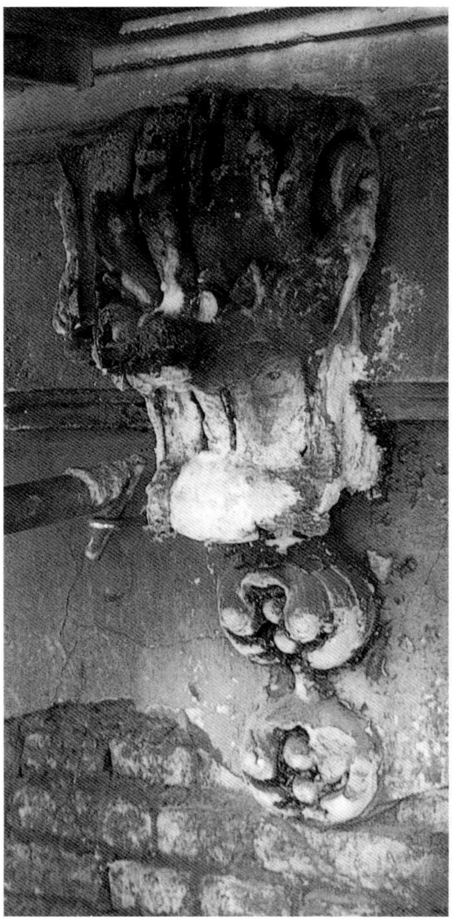

210 Ein Stuckelement im ersten Obergeschoß vor der Sanierung.

211 Die dreiteiligen Stuckkonsolen nach dem Anbringen.

Fenster, Türen und Treppe

Von den originalen Kastendoppelfenstern waren noch etwa 170 Stück erhalten. Die restlichen 34 Exemplare waren derart verfallen, daß sie nicht mehr aufgearbeitet werden konnten, sondern gemäß dem alten Vorbild nachgebaut werden mußten. An den verbliebenden Fenstern wurden fehlende Verzierungen durch originalgetreue Neuanfertigungen ersetzt. Die vorhandenen Fenster arbeitete man tischlermäßig durch, d. h. Wasserschenkel wurden ausgewechselt, verrottetes Holz wurde ersetzt, die Verschlüsse wurden gerichtet. Vorhandene Fensteranstriche brannte man ab, Kittfalze kittete man nach. Anschließend wurden die Fenster grundiert, gestrichen, geschliffen, gespachtelt und endlackiert. Vorhandene Einfachfenster wurden durch Doppelfenster ersetzt. An einigen Stellen, so etwa im Badezimmer, kamen isolierverglaste Fenster zum Einbau, um Fensteröffnungen und Fensterform wahren zu können.

Die vorhandenen Holzfüllungstüren mit Futter und Bekleidung wurden ebenfalls großenteils belassen und wieder hergerichtet. Eine Ausnahme bildet hier nur die Tür zum Architekturbüro, die jedoch die Gestaltungsprinzipien der übrigen alten Wohnungstüren aufnimmt und in eine moderne Formensprache überträgt. Bei den übrigen Exemplaren fertigte man beschädigte und fehlende Elemente gemäß dem alten Vorbild neu. Neue Schlösser und Schließbleche wurden eingebaut, lose Futter und Bekleidungen befestigt, Türblätter gerichtet und gang- und schließbar gemacht. Loser Anstrichaufbau wurde entfernt, vorhandene Anstriche geschliffen und anschließend ein Voranstrich und Endanstrich in weißem Farbton aufgebracht.

In den Treppenhäusern wurden die Geländer, insbesondere die Handläufe, Krümmlinge und Traljen, ebenso wie die Treppenstufen wegen Schadhaftigkeit teilweise herausgenommen und durch originalgetreue Nachbauten ersetzt.

Böden und Beläge

Zwischen den neuen Balken wurden Blindböden (Stakungen) auf Leisten eingebracht, Papier als Rieselschutz eingebaut und oberhalb eine Schlackeschüttung mit einer Mindestdicke von 8 cm bis nahe zur Oberkante des Balkens eingebaut. Wenn möglich, wurde der alte vorhandene Dielenboden erhalten. In Bereichen von Grundrißänderungen, wo der vorhandene Dielenboden vollständig ausgebaut werden mußte und nicht wiederverwendbar war, wurde teils auf einem Höhenausgleich Spanplattenboden mit Linoleumbelag bzw. mit Ahornparkett eingebaut. In den Bädern ist besondere Sorgfalt auf die Ausführung der Oberstakenentlüftung gelegt worden. Diese Oberstakenentlüftung führt die aus den darunterliegenden Bädern aufsteigende Feuchtigkeit ab, so daß die Deckenkonstruktion, die aus Holz besteht, nicht durchfeuchtet und damit Schaden vermieden wird. Einige Mieter haben die Dielen abgezogen und Natur belassen, andere geseift. Letzteres bringt eine intensive graue Patina mit sich.

212 Ein altes Kastendoppelfenster wurde ausgebaut, um als Modell für den Bau der neuen Exemplare zu dienen.

213 Die Fensterfaschen an der Hoffassade werden gezogen.

214 und 215 **Der Eingang Knaackstraße 22 vor und nach der Sanierung.**

216 **Die neuen Stahlbalkone passen sich gut in die restaurierte Fassade ein.** ▷

Balkone

Die zu Beginn der Sanierungsarbeiten nicht mehr vorhandenen ursprünglichen Balkone wurden durch Neuanfertigungen ersetzt, deren Gestaltung die vorhandene Fassadengliederung aufnimmt. Die Balkone sind höhenmäßig so eingebaut, daß die Fassadengesimse an den freien Balkonkanten fortgeführt werden konnten. Die Konstruktion der Balkone besteht aus im Mauerwerk eingespannten Stahlträgern, in die örtlich hergestellte Stahlbetondecken betoniert wurden. Die Balkone haben eine Aufkantung, Gefälleestrich und zur Abdichtung eine Epoxydharzbeschichtung erhalten. Die Entwässerungsrohrleitungen der Balkone sind unter Putz verlegt worden. Die Balkongeländer können als gestalterisch sehr gelungene und unaufdringliche Lösungen bezeichnet werden.

Die Struktur der vorhandenen Fassadengesimse wurde durch die Blumenkästen der neuen Balkone wiederaufgenommen und in Handlaufhöhe fortgeführt.

Die Gestaltung der Außenanlagen

Die im rückwärtigen Hofbereich gelegenen, zur Synagoge benachbarten Gartenanteile sind zur gemeinsamen Nutzung durch alle Mietparteien vorgesehen. Die dort vorhandenen alten Großbäume wurden während der Sanierung gesichert und vermitteln heute einen parkähnlichen Eindruck. Zwischen den Gehölzgruppen verlaufende Wege führen zu einer Sitzgruppe für die Anwohner. Ein Fahrradabstellplatz sorgt für den nötigen »Parkraum«. Eine Hainbuchenpflanzung, die später über den Abfalltonnen zu einer Laube zusammenwachsen soll, rundet das Bild ab.

217 und 218 Im Architekturbüro von Wolf-Dieter Borchert: Empfangs- und Besprechungszimmer.

Resümee

Die Sanierung der Anwesen Rykestr. 54, Knaackstr. 22 und Knaackstr. 24 ist ein gutes Beispiel für eine gestalterisch großenteils vorbildliche und sozialverträgliche Miethaussanierung. Der beschrittene Weg zwischen der weitestmöglichen Erhaltung oder Wiederherstellung der alten Bauteile, der teilweisen Rekonstruktion wertvoller Gestaltungsdetails und der Berücksichtung moderner Architektur und Technik (z. B. Fassadenbalkone, Energieversorgung durch Photovoltaik-Anlage und Blockheizkraftwerk) kann für weitere Sanierungsvorhaben im Bezirk Prenzlauer Berg als Vorbild dienen. Dies gilt nicht zuletzt hinsichtlich der sozial verträglichen und fairen Konditionen für die Mieter.

Wichtige Adressen

Architekt:
Wolf-Dieter Borchert
Knaackstr. 22
D - 10405 Berlin - Prenzlauer Berg

Zimmererarbeiten:
Fa. Hildebrandt
Fürstendamm 57 b
D - 13465 Berlin - Frohnau

Dachdecker und Klempner:
Fa. Langenberg + Sohn
Kastanienallee 46
D - 15344 Strausberg

Haustechnik Blockheizkraftwerk:
Fa. Restobau
Köpenicker Str. 145
D - 10997 Berlin - Kreuzberg

Tragwerksplaner:
von Polheim-Badur-Wichard
Mommsenstr. 34
D - 10629 Berlin - Charlottenburg

Restaurator:
Detlef Sommerhof
Alvenslebenstr. 6
D - 10883 Berlin - Kreuzberg

Putz- und Stuckarbeiten:
PKZ Werkstätten für Denkmalpflege
Ermanstr. 20
D - 12163 Berlin - Steglitz

VI Regionaltypisch, ökologisch und auf der Höhe der Zeit: Ein Wohnhaus von 1850

Das Objekt

Wenn man auf der Hauptstraße durch das schwäbische Deuringen fährt, gelangt man etwa 50 m nach der Dorfwirtschaft zu einem eigentlich unauffälligen kleinen Anwesen. Dieses um 1850 erbaute, ehemals zum Gasthaus gehörende und als Stall genutzte Häuslein bildet den Abschluß einer reihenhausähnlichen Einfirstanlage.

Von den anderen, im 20. Jahrhundert von Ställen zu Wohnanwesen umfunktionierten Gebäuden hebt sich allerdings unser Beispielanwesen bei näherer Betrachtung durch seine Gestaltqualität deutlich ab.

Sowohl die regionaltypischen Farben von Fassade und Fenstern bzw. Fensterläden und Türen (weiß/ dunkelgrün) als auch die althergebrachte Art der Dachdeckung und die überzeugende Gestaltung der Gauben (sowie natürlich das Fehlen der üblichen »verschönernden« Elemente) fallen sofort ins Auge. Diese nach dem weitgehenden Abschluß der Sanierungsarbeiten offensichtliche Gestaltqualität war vor Beginn der Sanierung kaum mehr ablesbar.

Die Sanierung begann im Frühjahr 1991 mit den ersten Fundamentuntersuchungen. Anfang 1995 war das Haus soweit hergerichtet, daß die Familie einziehen konnte. Im Verlauf desselben Jahres wurden alle wichtigen Bauteile fertiggestellt. Bis 1997 erledigte man nur noch kleinere Ausbauarbeiten im Inneren (z. B. neue Treppe, Einbau von Trennwänden, Innenverkleidung der Gauben) und brachte Anstriche an Fenstern und Eingangstüre auf. Für die Zukunft verbleiben noch der Ausbau der Küche und des Bads im Obergeschoß, der Abschluß der Elektroinstallation und die Abdichtung des Windfangs.

219 Die Straßenfassade des Gebäudes nach dem Abschluß der Außenarbeiten.

DIE SANIERUNGSVORBEREITUNG UND -PLANUNG

Erwerb, Bestandsuntersuchungen und Aufmaße

Vor dem Erwerb des Hauses standen Ortsbesichtigungen mit einem sanierungserfahrenen Planer und einem befreundeten Statiker. Diese Termine, bei denen Schäden zunächst durch Augenschein und kleinere manuelle Untersuchungen ermittelt wurden, erbrachten als Erkenntnis, daß das Haus zwar viele Schwachstellen aufwies, aber die Sanierung angesichts des geringen Kaufpreises als vernünftig einzuschätzen war. Anschließend nahm man durch Aufgraben an den Außenwänden Fundamentuntersuchungen vor, da die Tragfähigkeit des Mauerwerks geprüft werden mußte. Die dabei gefundenen unterirdischen Ziegelreihen, die anfangs als Teile des Fundaments angesehen wurden, erwiesen sich später als Bauschutt. Eingehende weitere Untersuchungen erbrachten, daß das Mauerwerk nur bis auf zwei Ziegelreihen in die Erde hineinreichte und fast keine Fundamente vorhanden waren, was natürlich starke Frost- und Feuchtigkeitsschäden am Mauerwerk hinterlassen hatte.

Die eigentlichen Gründe für den Erwerb des seit 1985 leerstehenden Gebäudes lagen für die Familie Heindl darin, daß man nach einem bäuerlichen Haus suchte, daß das Objekt aufgrund seines schlechten Zustands sehr günstig war, man in die absehbar notwendigen umfangreichen Instandsetzungsarbeiten viel persönlichen Einsatz investieren konnte und durch die Hinzunahme des angrenzenden nordwestlichen Trakts sowie den Ausbau der Dachgeschosse genügend Wohnfläche geschaffen werden konnte. Zudem erschien der – zur Zeit des Sanierungsbeginns noch studierenden – Architektin Susanne Heindl und ihrem Mann German die Sanierung als fachlich reizvolle Aufgabe. Nach der öffentlichen Ausschreibung des im Besitz der Gemeinde Stadtbergen befindlichen Anwesens erhielt die Familie ihr Haus 1990 zugesprochen. Im Jahr darauf konnten sie den Kaufvertrag unterzeichnen, mit dem sie das Anwesen (damalige bewohnbare Gesamtfläche: ca. 100 qm) einschließlich 100 qm Garten zum Preis von DM 30.000,– erwarben. Hinzu kamen noch DM 7.000,– an Notariats- und Erschließungskosten.

Als Grundlage für alle folgenden Planungsschritte wurde nun ein Aufmaß benötigt, das von Susanne Heindl 1991 (unter Einzeichnung der Raumdiagonalen) erstellt wurde. Später fertigten zusätzlich sechs Studenten der TU München im Rahmen einer Studienarbeit ein detailliertes verformungsgerechtes Aufmaß an.

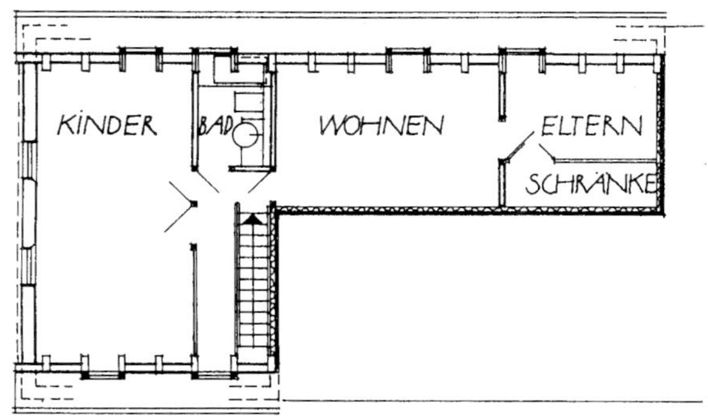

OBER-/DACHGESCHOSS

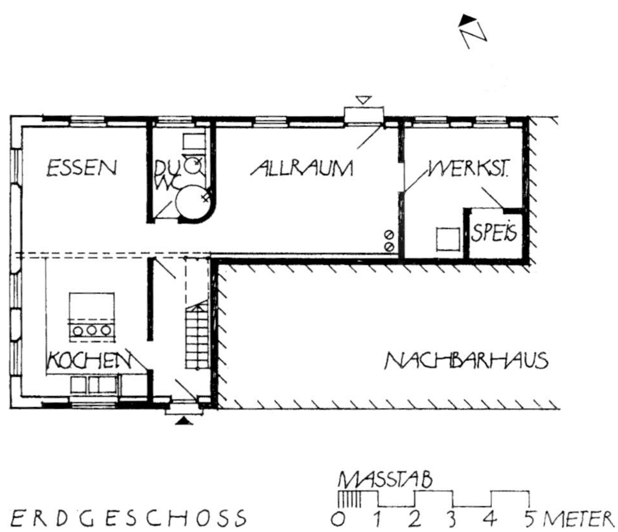

ERDGESCHOSS

220 und 221 Grundrisse M 1:200

Anschließend waren weitere Bestandsuntersuchungen unerläßlich, um die schwersten konstruktiven Schäden feststellen und daraus die nötigen Maßnahmen ableiten zu können. Es zeigte sich, daß Farbanstrich und Putz durch in jüngerer Zeit aufgebrachte Zementputze zerstört worden waren. Noch schlimmer traf die Bauherren aber, daß – wie in der Gegend des öfteren geschehen – der für den Mörtel verwendete Sand (wohl aufgrund schlechter Reinigung) mit dem Kalk reagiert hatte und deshalb mehr Wände als zuerst gedacht irreversibel geschädigt waren. Zum schlechten Zustand des einschaligen Mauerwerks hatten auch die in den letzten Jahrzehnten aufgebrachten Isolierplatten und -putze aus Kunststoff beigetragen, die den notwendigen Luft- und Feuchtigkeitsaustausch unterbunden hatten. Weiterhin waren die vorhandenen Dielenbretter im Erdgeschoß durch einen vorausgegangenen Wasserrohrbruch zerstört. Der auf Schilfrohrmatten aufgebrachte Putz im Kehlbalkenbereich mußte entfernt werden. Die Dachhölzer erschienen zunächst relativ intakt, die Nasen der Dachziegel wiesen aber deutliche Schädigungen auf. Die von unten intakt aussehenden Sparren waren daher durch eingedrungenes Wasser an den Nägeln entlang verfault.

222 Feuchtigkeitsschäden im Bereich der heutigen Küche.

223 Ansicht der rückwärtigen Fassade vor der Sanierung.

Zielvorgaben

Trotz des schlechten Gebäudezustands verfolgten die Eigentümer ihre Leitidee, die Sanierung des gestalterisch sehr einfachen, ländlich geprägten Hauses möglichst nahe am Originalzustand zu orientieren und die Gebäudesubstanz weitestmöglich zu bewahren. Die Ausrichtung an der regionalhistorisch richtigen Bauweise und die Verwendung alter bzw. ökologischer Baustoffe und -elemente empfanden die Bauherren als Verpflichtung. Wo aber aufgrund der Anpassung an moderne Wohnanforderungen neue Bauteile eingebracht werden mußten – so etwa bei Schornsteinen und Gauben –, sollte dies auch klar ablesbar sein, gestalterisch überzeugen und mit hochwertigen Baustoffen geschehen.

Von der Entwurfsplanung zur Auftragsvergabe

Die im üblichen Maßstab (1:100) gefertigten Entwurfspläne wurden durch Detailentwürfe im Maßstab 1:10 (z. B. Schnitte Giebelwand, Dachdetails, Stahlträger, Treppen) bis sogar 1:1 (z. B. Geländer) ergänzt. Für Fenster, Türen und Gauben entstanden mehrere Detailzeichnungen in verschiedenen Maßstäben. Hierauf baute dann die Kostenschätzung auf, die Voraussetzung für den Erhalt der Kredite war – so u. a. für den Antrag auf das Darlehen für junge Familien (Landesbodenkreditanstalt) in Höhe von DM 30.000,– (Höchstförderung bei Umbaumaßnahmen). Detaillierte Wirtschaftlichkeitsberechnungen und Finanzierungspläne waren nicht notwendig. Leider konnten keine Zuschüsse in Anspruch genommen werden. Bei früherer Antragstellung wäre dies allerdings für die Heizungssanierung möglich gewesen. Im nachhinein erhielten die Bauherren eine kleine Bestätigung, als sie die vom Landkreis über den Kreisheimatpfleger ausgeschriebene, mit DM 1.000,– dotierte Auszeichnung im Rahmen des Wettbewerbs »Prämierung Schwäbischer Häuser 1996« entgegennehmen konnten.

Der Bauantrag mit allen Genehmigungsunterlagen wurde im September 1991 eingereicht und im Dezember desselben Jahres genehmigt. Da viel Eigenleistung investiert werden und auf die Hilfe vieler Freunde und Verwandter zurückgegriffen werden konnte, mußten nur relativ wenige Arbeiten ausgeschrieben werden. Primär handelte es sich hierbei um die Heizungs-, Spengler-, Putz- und Schreinerarbeiten.

DIE PRAKTISCHE SANIERUNG

Vorarbeiten und Fundament

Zunächst wurden die Fehlböden im Obergeschoß entfernt. Dann nahm man die völlig durchfeuchteten Bodenbretter im Erdgeschoß heraus, die nur auf Kies oder Erde lagen. Vorhandene Betonteile waren mit dem Bohrhammer zu beseitigen. Da der vorgefundene Abstand zwischen Boden und Deckenbalken zu gering war, mußte durch Ausheben des Lehmbodens um ca. 20 cm für eine größere Raumhöhe gesorgt werden. Der Lehm wurde bis zu seiner weiteren Verwendung zwischengelagert. Der nächste Schritt bestand im Herunterreißen der alten Putzschichten, die im Deckenbereich mit Schilfputzträgern versehen waren.

Das vor Sanierungsbeginn überhaupt nicht vorhandene Fundament mußte völlig neu geschaffen werden und reicht nun bis auf Frosttiefe herunter (100 cm).

224 Noch brauchbare Ziegelsteine werden aussortiert, entsandet und gereinigt.

225–227 **Die alten Balkenköpfe werden saniert.**

Behebung konstruktiver Schäden und Dachdeckung

Aufgrund von Feuchtigkeitsschäden insbesondere auf den Oberseiten der Dachsparren mußte etwa die Hälfte der alten Sparren ersetzt werden, die restlichen Exemplare konnten nach dem Abklopfen bzw. Reinigen und Abschleifen wiederverwendet werden. Von den vorhandenen 16 Deckenbalken mußten nur zwei ganz ersetzt werden, bei etwa 2/3 wurden die Balkenköpfe saniert. Die neuen Balken wurden mit dem Zugmesser gebeilt, um sie dem Aussehen der vorhandenen Teile anzupassen. Die Hölzer wurden, wo immer dies möglich war, mit alten Zimmermannskonstruktionen (Überblattungen, Holznägel) verbunden. Teils verwendete man aber auch Metallverbindungen. Unter großem Aufwand wurde der Dachstuhl in eineinhalb Jahren Arbeit wiederhergestellt. Als Dämmungsmaterial kam Kokosfaser zum Einsatz.

228 **Die Anbringung der Weichfaserplatten. Die darunterliegende Dämmschicht aus Kokosfaser ist im Firstbereich noch sichtbar.**

Da die auf der Südseite vorhandene Schleppgaube durch unsachgemäße Konstruktion (fehlende Hinterlüftung) zerstört war, mußte sie ersetzt werden. Die neu angefertigten Exemplare orientierten sich in ihren durch das Sparrendach vorgegebenen Dimensionen an den alten Gauben. Zur Verbesserung der Belichtung wurde eine zusätzliche Schleppgaube eingebaut. Auf der Nordseite, wo vor Sanierungsbeginn zwei Satteldachgauben vorhanden waren, übernahm man diese Form auch für die neuen Gauben, die an den Seiten verglast wurden. Bei aller gebotenen Einfachheit der Konstruktion setzen doch die Form, die Deckung mit Edelstahlblech und die Seitenverglasung deutliche moderne Akzente, welche die neuen Nutzungsansprüche – Wohnen unter dem Dach, daher größerer Lichtbedarf – nach außen zeigen.

Die komplett heruntergenommenen Dachziegel konnten, da die Nasen zu stark geschädigt waren, nicht mehr verwendet werden. Statt dessen kaufte man zum Haus passende Handstrich-Biberschwanzziegel, die durch eine Handwerksfirma bei anderen Altbauten abgedeckt wurden. Wegen unvorhersehbarer zeitlicher Engpässe mußten die beiden Dachseiten mit Ziegeln unterschiedlicher Herkunft gedeckt werden. Die Regenrinnen und -rohre sind aus Edelstahlblech gefertigt.

229 Die Konstruktion der Satteldachgauben wird aufgestellt.

Kamine und Heizungssystem

Der vorhandene Schornstein wurde abgetragen. Zwei neue Kamine für die Zentralheizung (Gaskesseltherme) und den später vorgesehenen Holzofen im nordseitigen Allraum wurden neu eingezogen. Die Wahl fiel auf Edelstahlrohre, da hierdurch zum einen Raumvolumen eingespart werden konnte, zum anderen eine klare visuelle Abgrenzung und ein interessanter Kontrast etwa zu Holzverkleidungen und Tonziegeln bzw. eine gestalterische Parallele zu anderen Bauteilen aus Edelstahl (z. B. Regenrohre) erzielt wurde. Der Gasanschluß über das öffentliche Netz war bei Sanierungsbeginn schon vorhanden. Die Heizwärme wird im ganzen Haus über Radiatoren abgegeben.

230 Die neuen Heizungskamine im Bereich des Obergeschosses.

231 Die Giebelwand wird mit Hochlochsteinen neu aufgemauert.

Wände und Maurerarbeiten

Während in der Entwurfsplanung nur die Giebelwand zur Erneuerung vorgesehen war, stellten sich später die Schäden an den beiden traufseitigen Außenwänden als so gravierend heraus, daß auch diese abgetragen und neu aufgemauert werden mußten. Das aus Wärmeschutzgründen zweischalig geplante Mauerwerk (zwei Reihen Hochlochziegel) weist eine Stärke von 30 cm auf. Die Ausführung der Fassaden wurde auf das verwendete Ziegelmaß abgestimmt. Während die Fensteröffnungen auf den beiden Traufseiten an denselben Stellen wie vorher blieben, erhielt die Giebelfassade eine regionaltypische schwäbische Gestaltung mit drei Fensteröffnungen unten, zweien oben sowie putzschützenden Gesimsen. Im Spritzwasserbereich wurde als Schutz gegen Feuchtigkeit und Auffrieren anstelle eines bei alten Häusern unüblichen Sockels eine zweischalige Konstruktion aus unglasierten Klinkern, einer Z-förmig eingelegten Pappe sowie 17,5 cm starken Hochlochziegeln verwendet. Gegen die vorhandene Trennwand zum Nachbaranwesen im Obergeschoß wurde eine zweite verschalte Ständerwand mit Lehmfüllung gesetzt und verbrettert. Im Erdgeschoß wurde die Wand gemauert. Der alte Grundriß der Räume wurde weitgehend beibehalten. Lediglich im Nordwesttrakt, der jetzt keine eigenständige Einheit mehr bildet, faßte man Wohnraum und Flur zusammen. Für die großenteils neuen, massiven Innenwände verwendete man, soweit möglich, die noch brauchbaren Vollziegel von den abgetragenen Außenmauern. Zwischen straßenseitiger Küche und rückwärtigem Eßbereich wurde statt einer massiven Trennwand eine Stahlträgerkonstruktion eingebracht, die nicht verschalt oder verputzt, sondern sichtbar gehalten und blau gestrichen wurde. Hierdurch verbesserte sich die Belichtung der Räume ganz erheblich.

Fenster und Türen

Die vorhandenen alten Holzsprossenfenster wurden hergerichtet und zu Kastenfenstern aufgedoppelt. An den Stellen, wo sich früher gar keine Fensteröffnungen befanden, baute man neue Holzverbundfenster ein. Jedoch wurde auch hier wegen der Harmonie mit den anderen Fenstern, der visuellen Qualität sowie des Preis- und Umweltaspekts (spätere Entsorgungskosten) auf Isolierglas verzichtet. Alle Fenster sind zweiflügelig, teils mit kippbarem Oberlicht. Die Fenster wurden mit Pratzen gesetzt, nicht ausgeschäumt. Als Dichtungsmaterial für die Fugen verwendete man Kokosfaser. Bei den Gaubenfenstern handelt es sich um einfache, geteilte Fenster mit Winterflügeln. Die Fensteröffnung im Giebelspitz erhielt Glaslamellen, die inzwischen wegen Undichtigkeit mit einer Vorscheibe versehen wurden.

232 Die Fenster vor dem Anstrich.

Gemäß der historisch regionaltypischen Farbkombination wurden die Fensterrahmen weiß, die Holzklappläden dunkelgrün gestrichen. Dabei verwendete man nur selbst gemischte Farben auf Pigment- und Leinöl-Basis.

Die alte Eingangstüre zur Straßenseite war nicht mehr zu gebrauchen, jedoch wurde die neue Türe nach dem Vorbild des Originals geschreinert. Die rückseitige Holzrahmentüre erhielt zwei Fensterflügel, um für den dahinterliegenden Allraum eine ausreichende natürliche Belichtung zu gewährleisten. Von den alten Innentüren konnten drei wiederverwendet werden (im Arbeitszimmer und Kinderzimmer), eine weitere in der Küche stammt aus einem Abbruchhaus im Dorf.

Wegen der nunmehr größeren Raumhöhe mußte die Durchgangstüre zwischen Flur und Küche zur Verbesserung der Belichtung im oberen Teil mit einem Oberlicht angestückelt werden. Die neuen, nach den alten Vorbildern gestalteten Türen mit Füllungen und Profilen wurden nach den Detailzeichnungen Susanne Heindls gefertigt.

Schwierig gestaltete sich die Suche nach geeigneten alten Fenster- und Türbändern sowie nach Türbeschlägen und -schlössern, die aber schließlich aus verschiedenen Quellen beschafft werden konnten. Teils griff man auch zu neu hergestellten Stücken. Nach einigen erfolglosen Versuchen gelang es, einen Handwerker zu finden, der die vorhandenen oder von Abbruchhäusern stammenden alten Beschläge überarbeiten und verzinnen konnte. Der Vorteil des Verzinnens, das dem Metall einen recht dunklen Ton verleiht, lag gegenüber dem Verzinken für die Heindls in der ihrer Meinung nach natürlicheren Wirkung.

233 Das überholte Schloß an der alten Küchentür.

Putz und Wandanstrich

Als Verputz für die Innen- und Außenwände entschied man sich für Kalkputz mit sehr geringem Zementanteil, der selbst gemischt und von Hand in zwei Lagen aufgetragen wurde. Die Struktur des ohne Richtlatte aufgebrachten Putzes ergab sich durch die Glättung von Hand. Die reinweiße Farbe (20 Jahre eingesumpfter Kieselkalk) wurde in Fresko-Technik auf den noch feuchten Putz aufgebracht. Für die Innenräume griff man zu Fertigkalkputz.

Böden und Beläge

Der Bodenaufbau im Obergeschoß zeichnet sich durch die Besonderheit aus, daß der getrocknete Lehmaushub vom Erdgeschoß als Schüttungsmaterial für den Fehlboden der Holzbalkendecke wiederverwendet wurde. Dies sparte zum einen Geld, war zum anderen aber wegen der guten schall- und wärmedämmenden Eigenschaften des Lehms sowie dessen positiver Wirkung auf das Raumklima eine bautechnisch wie auch baubiologisch sinnvolle und kreative Lösung. In dieser Lehmschüttung verlegte man auch die Leitungen für die Sanitär- und Elektroinstallation. Als Bodenbelag wurden im gesamten Obergeschoß Fichtenriemen verwendet.

Für das Erdgeschoß, wo es ein sehr strapazierfähiger Belag sein sollte, entschied man sich statt der hier optisch als zu kalt empfundenen Fliesen für – früher anstelle von Estrich verwendeten – Gußasphalt. Dieser wurde auf dem Unterbau aus Kies, zwei Dichtungsbahnen, dazwischen betonierter Bodenplatte und Dämmung aufgebracht. Das Material paßte gestalterisch gut zu Holz und Edelstahl und erwies sich als sehr preiswert. Zudem ist es nicht brennbar. Die ökologischen Vorteile hinsichtlich Emissionen, Abriebfestigkeit etc. wurden durch das Baubiologische Institut in Rosenheim und einen weiteren Baubiologen bestätigt. Allerdings erfordert das Material, das normalerweise chemisch beschichtet wird, ohne diese Behandlung eine häufige Pflege. Nachdem man es anfangs mit einem ökologischen Wachs versucht hatte, wird nun ein konventionelles Wachspflegemittel eingesetzt.

234 In mehreren Schichten wird der Kalkputz aufgetragen.

235 Die gartenseitige Trauffassade zeigt den natürlichen Charakter des Putzes und des Kalkanstrichs. Schön erkennbar auch die architektonische Qualität der Gauben.

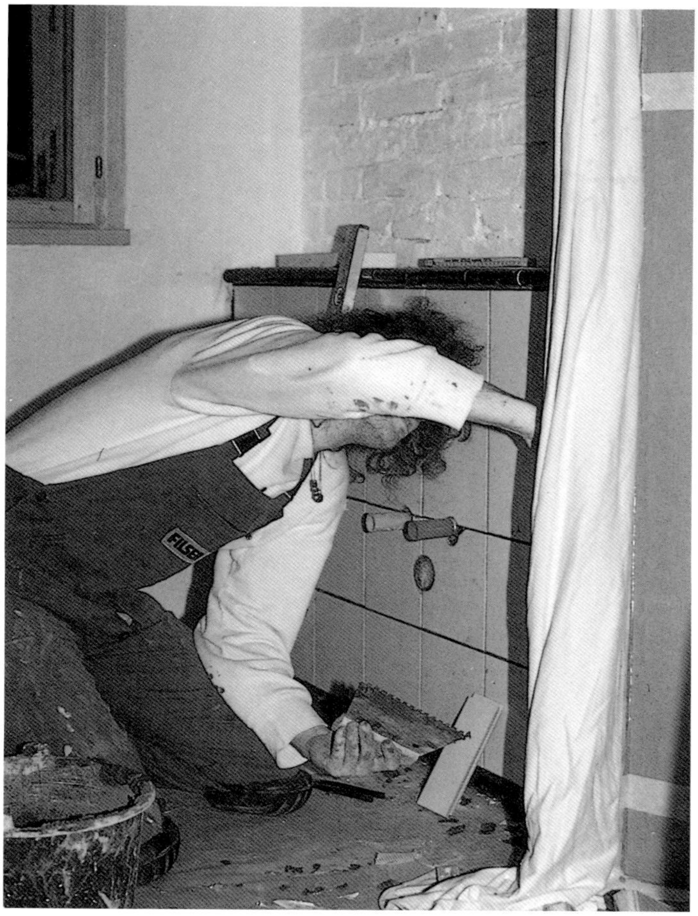

236 **Das Badezimmer im Erdgeschoß wird gefliest.**

Einbauten

Im Obergeschoß schuf man durch die Montage von Leichtbauwänden in Holzrahmenkonstruktion neue Räume. Hier befinden sich nun Schlaf-, Kinder- und Arbeitszimmer sowie das Bad. Ferner wurden auch begehbare Schränke eingebaut.

Die ins Obergeschoß führende Treppe im Flur mußte aufgrund ihres maroden Zustands ersetzt werden. Ein alter Schreiner aus der Umgebung baute nach dem alten Vorbild eine neue, einfache Treppe aus Fichtenholz, die sich an derselben Stelle wie früher gleich hinter dem Hauseingang befindet. Die zweite geplante Treppe wird eine leichte Stahlkonstruktion sein, welche die Verbindung zwischen Allraum und Obergeschoß herstellt.

Einrichtung und Sanitärausstattung

Insgesamt verrät die Einrichtung trotz noch verbleibender Arbeiten einen sehr wohnlichen, dabei aber sachlichen und einfachen Wohnstil. Die Fichtenriemenböden und Holzverschalungen im ausgebauten Obergeschoß schaffen in Verbindung mit den auch von innen schön anzusehenden Gauben eine sehr angenehme Stimmung. In der Küche, die ihren offenen Charakter ohne geschlossene Einbauzeilen behalten soll, werden zu den gemauerten und weiß geschlämmten Schotten noch Holzfächer mit Korbeinschüben und Drahtablagen sowie Edelstahl-Arbeitsflächen kommen.

Das Bad im Erdgeschoß (mit Dusche und Gäste-WC) wurde komplett weiß gefliest. Den Edelstahl-Waschtisch und die hüfthohe Lochblech-Trennwand zwischen Waschbecken und Toilette entwarf Susanne Heindl mit Beratung durch die Firma Binder-Bäder in der Schweiz. Aus der Produktpalette desselben Unternehmens stammen die verwendeten Armaturen. Das Bad im Obergeschoß sollte mit einer alten, freistehenden Gußbadewanne ausgestattet werden. Jedoch erforderte die Suche nach einem Betrieb, der alte Wannen überholt, großes Durchhaltevermögen. Schließlich wurde man bei einem Unternehmen fündig, das alte Badewannen in der »Remaill-Technik« – einem Mischverfahren aus Kunststoff und Emaille – mit einem neuen Überzug versieht. Im Sommer 1997 konnte schließlich die lang erwartete Badewanne im »Bad für die Seele« eingeweiht werden.

237 **Waschbecken, Armaturen und selbst entworfene Edelstahltrennwand im Bad des Erdgeschosses.**

238 Der ausgebaute Wohnraum im Obergeschoß lädt zum Aufenthalt ein.

Außenanlagen

Bei Sanierungsbeginn reichte auf der Straßenseite der Teerbelag des Gehwegs bis zur Hauswand. Mit Genehmigung der Gemeinde durfte auf Breite der Eingangsstufe entsiegelt werden. Hier legte man statt dessen einen Pflaster- und Kiesstreifen an. Auch auf den übrigen Seiten des Hauses wurde nur aufgekiest, Kräuter und »Unkräuter« dürfen und sollen hier entlang der Mauern wachsen.

Der nördliche Gartenteil, dem man sich während der Sanierungsarbeiten am Haus nicht widmen konnte, wird nun ebenfalls gestaltet. Die genaue Planung ist zwar noch nicht fixiert, aber es soll auf jeden Fall eine natürliche, bauerngartenähnliche Anlage mit einjährigen Blumen, Blütenstauden, Gewürzkräutern, Laubgehölzen und vor allem Rosensträuchern entstehen. Bereits fertig ist das aus Eschenholz gefertigte Gartenhaus mit Dachbegrünung.

Resümee

Das kleine Wohnhaus ist durch diese Sanierung enorm gewachsen. Nicht in der Wohnfläche, denn die nahm nur um einige qm zu. Durch das Herauslassen vieler Decken gab es insgesamt kaum zusätzliche Fläche, aber ein unvergleichlich viel besseres Raumgefühl. Der Wohnwert steigerte sich aber nicht nur dadurch, sondern auch durch das ökologische und auf regionale Bautraditionen hin ausgerichtete Konzept. Bedauerlich war für die Familie Heindl nur, daß (vor allem bei den Außenwänden) mehr erneuert werden mußte, als ursprünglich angenommen. Dies geschah schweren Herzens und ausschließlich wegen der sehr schlechten Substanz, nicht etwa aus Unbedachtheit. Dennoch oder gerade deshalb gelang hier eine bemerkenswerte Symbiose aus alt und neu, aus traditionellen und modernen Architekturelementen, die sich zu einem bescheidenen, erfrischend unprotzigen Werk fügt.

239 Zustand des Hauses nach der Sanierung.

Wichtige Adressen

Eigentümer/ Architektin:
Susanne und German Heindl
Sandbergstr. 12
D - 86391 Deuringen

Spenglerei:
Fa. Gröber
Rosenstr. 1
D - 86866 Mickhausen

Verzinnerei:
Fa. Lindner
Kleines Karmelitergäßchen 10
D - 86152 Augsburg

Kirchenmaler/ Restaurator:
Fa. Niederhauser & Reitschuster
Bahnhofstr. 10
D - 86492 Egling

Putzarbeiten:
Fa. Plabst
D - 86424 Dinkelscherben-Lindach

Schmiedearbeiten:
Fa. Graf
Bgm.-Widmeier-Str. 19
D - 86179 Augsburg

Remaill-Technik:
Fa. Badewannen-Maier
Beckmesserstr. 9
D - 81927 München

VII Vom Trutzturm zum Familienheim: Ein Haus als Schatztruhe historischer Veränderungen

DAS OBJEKT

Das Dorf Ebnat-Kappel, gehörig zum schweizerischen Kanton St. Gallen, liegt in der Region Toggenburg. Dort besteht offenbar ein erstaunlich großes Interesse an der Geschichte, das von einem engagierten Kulturkreis aufrechterhalten und gefördert wird. Es gelang mittlerweile sogar, der Ortsgeschichte im »Ackerhusmuseum« eine feste Ausstellungsmöglichkeit zu geben. Unweit davon aber befindet sich ein frisch saniertes Wohnhaus, das in gewissem Sinn ebenfalls als – bewohntes – Museum für bau- und kulturgeschichtliche Veränderungen betrachtet werden kann. Und dies bedeutet im Fall des Anwesens Ackerhusweg 26 keineswegs museale Erstarrung, sondern ein Optimum an Wohnqualität in einem großen, über die Jahrhunderte gewachsenen »Kunstwerk«. Kunstschmied Martin Häberli, der das damals halb verfallene Gebäude zusammen mit seiner Frau Evelyne 1994 erwarb, interessierte sich selbst schon immer für historische Abläufe und insbesondere für alte Handwerkstechniken. Seit Jahren stellt er für verschiedenste Sanierungsobjekte, so auch viele Klosterbauten, handgeschmiedete Beschläge, Gitter und Schlösser nach den alten Vorbildern her. Der Spaß an der Suche nach Vergangenem zeigt sich auch an der Sammelleidenschaft für archäologische Kostbarkeiten und während der Sanierung zum Vorschein gekommene Gegenstände, die im Wohnzimmer einen Ehrenplatz erhalten haben.

Wie komplex die Bau- und Handwerksgeschichte bei diesem Anwesen aussehen würde, war vor Beginn der Sanierung und der damit einhergehenden kunst- und baugeschichtlichen Untersuchungen nicht annähernd zu vermuten: Der ursprüngliche Kernbau des Anwesens aus dem 15./ 16. Jahrhundert, der zwei gemauerte Vollgeschosse aufweist, ist heute im Bereich westlich von Flur bzw. Eingangstüre in das Gebäude integriert. An diesen Wohnturm wurden zunächst (ebenfalls noch im 15./16. Jahrhundert) Küche und Wirtschaftsgebäude angemauert, östlich kamen 1576 ein Erschließungsgang und ein Holzstrickbau mit Stube hinzu, der 1609 straßenseitig mit einem neuen Geschoß aufgestockt wurde. 1684 ergänzte man den Komplex um eine bergseitig angebaute Küche und setzte das heutige Satteldach auf. In der ersten Hälfte des 19. Jahrhunderts dürften die Keller zu Webstuben umgebaut worden sein. Auch das Vordach über dem Eingang ist dieser Bauepoche zuzurechnen. Nach 1854 erweiterte man das Gebäude auf der Westseite um einen zweigeschossigen Querfirstbau. Ebenfalls um diese Zeit verputzte man die gesamte Fassade, um ihr ein einheitliches, städtisches Gepräge zu verleihen. Im 20. Jahrhundert wurde schließlich auf der Nordseite ein Wirtschaftsgebäude angefügt. Mit dieser Übersicht sind nur die allerwichtigsten Stationen beschrieben, eine Vielzahl kleinerer Umbauten wie die Veränderung von Türöffnungen, das Versetzen von Wänden u. a. m. können hier gar nicht im einzelnen aufgezählt werden.

Im vorliegenden Sanierungsfall bestand eine Besonderheit darin, daß sich die Bauherren entschlossen hatten, ihr Haus bereits vor Beginn der eigentlichen Sanierung zu beziehen. Dies brachte natürlich zunächst eine Reihe von Unannehmlichkeiten mit sich, erlaubte es aber auf der anderen Seite, sich richtiggehend in das Gebäude »einzufühlen«. Evelyne und Martin Häberli sanierten ihr Haus über Jahre hinweg. Sie hatten keine übermäßige Eile, sondern wollten es gut und gründlich machen. Schritt für Schritt nahm man sich in enger Zusammenarbeit mit der Kantonalen Denkmalpflege die einzelnen Sanierungsabschnitte vor und stieß dabei auf immer neue Befunde.

Fassadeneinteilung und Grundriß des Gebäudes blieben im Grunde so wie vor der Sanierung, jedoch ist es hinsichtlich seines Zustands und der neu gewonnenen Wohnqualität kaum wiederzuerkennen. Das alte Haus wird heute vollständig zu Wohnzwecken genutzt. Um dennoch vor Ort arbeiten zu können, wurde anstelle des bestehenden, nicht sehr alten und zudem baufälligen Holzlagerschuppens an der Nordostecke eine neue Schmiede mit etwa 70 qm Fläche errichtet, die sich mit ihrer einfachen, unauffälligen Gestaltung an den Berghang anpaßt.

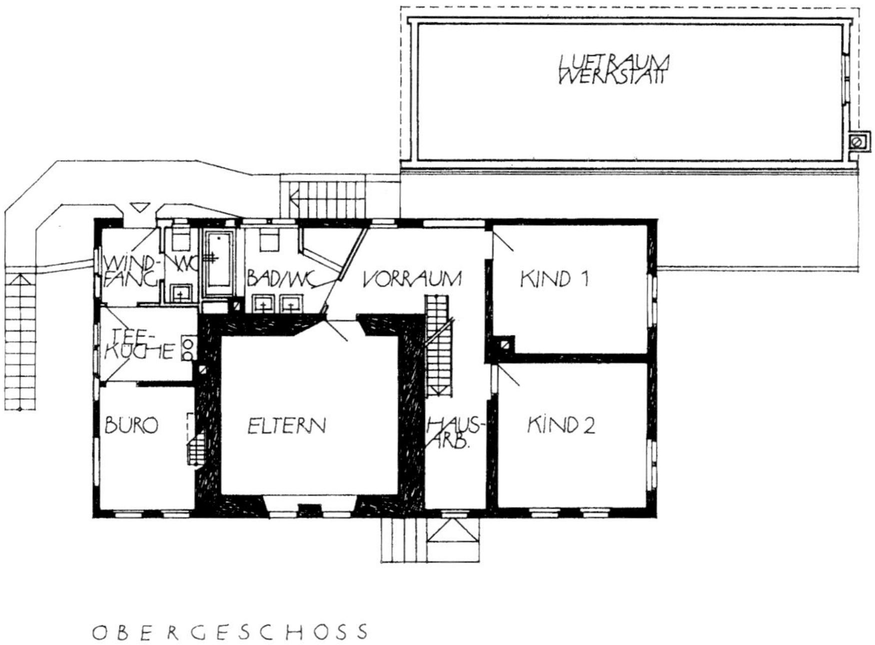

240 und 241 Grundrisse M 1:200

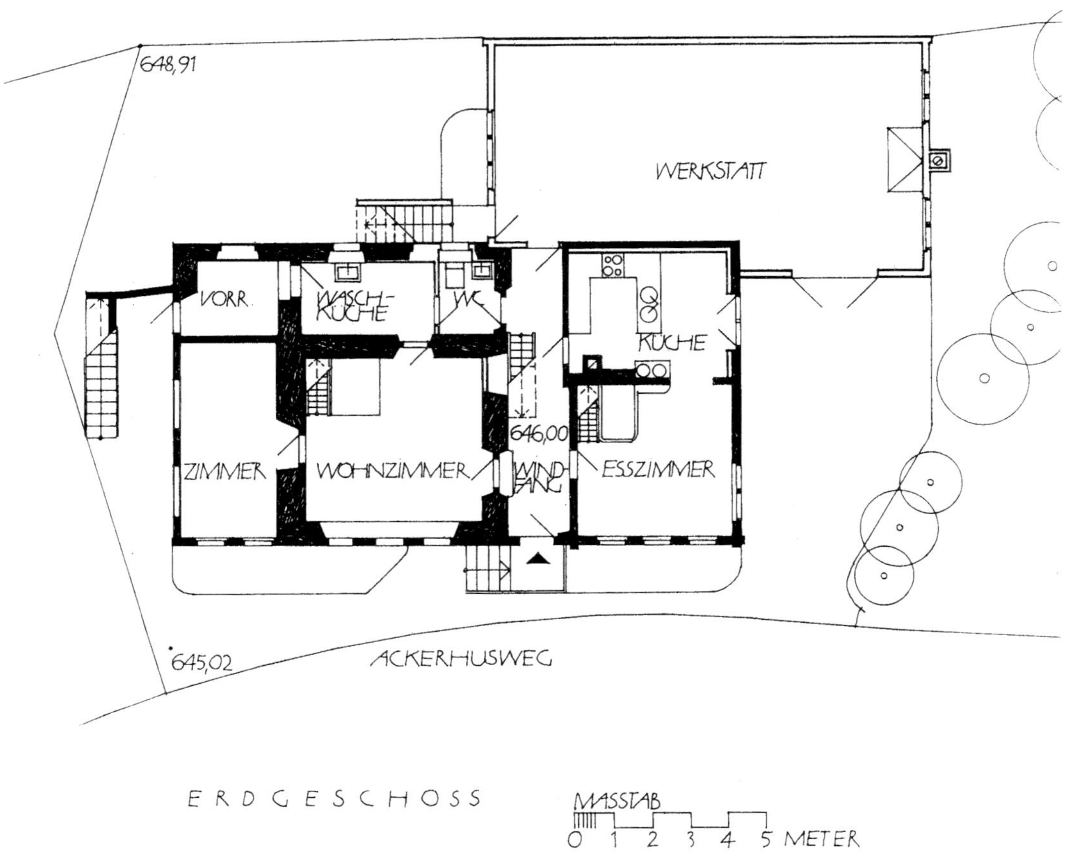

DIE SANIERUNGSVORBEREITUNG UND -PLANUNG

Erwerb

Die Häberlis waren schon des öfteren an dem Haus vorbeigegangen und hatten dabei offenbar eine gewisse Zuneigung entwickelt. Als sich dann 1994 die Gelegenheit zum Kauf bot, erwarben Evelyne und Martin Häberli das Haus für sich und ihre beiden Kinder zum Preis von SFR 380.000,– einschließlich der umgebenden Grundstücke.

Aufmaß und Befunduntersuchungen

Da die Bauherren bereits im mit einfacher Installation versehenen Westteil des Gebäudes wohnten und es Stück für Stück sanierten, liefen Sanierung und Untersuchungen teils parallel.

Unmittelbar nach dem Kauf begann der beauftragte Architekt, Roland Luginbühl, mit den Vermessungsarbeiten. Gleichzeitig lief die von der Kantonalen Denkmalpflege durchgeführte baugeschichtliche Aufnahme an. Da die Inaugenscheinnahme des Gebäudes durch Fachleute bereits einige Hinweise auf das hohe Alter und die interessante, bewegte Entwicklungsgeschichte des Hauses ergeben hatte, entschloß man sich zur Durchführung einer ausführlichen bauhistorischen Untersuchung. Diese wurde zu je 1/3 durch den Besitzer, die Kantonale Denkmalpflege und die Gemeinde bezahlt. In der Ergebnisdokumentation finden sich detaillierte Angaben zum Alter der einzelnen Bauteile (soweit wissenschaftlich von heute zu bestimmen), zu vielen kunstgeschichtlichen Details und zu ehemaligen Nutzungen. Ferner wurde auch eine dendrochronologische Untersuchung durchgeführt, die es ermöglichte, das Alter des Gebäudes in Teilen bis auf das 15./16. Jahrhundert zurückzudatieren.

242 Südseite des sanierten Hauses mit Eingangsbereich.

243 Das Gebäude zu Beginn der Sanierung: Trotz des noch schlechten Zustands zogen die Häberlis gleich in das Haus ein.

Bei den umsichtig vorgenommenen Sanierungsarbeiten am ehemaligen Kernbau kamen nach der Entfernung einiger Vertäfelungen Farbspuren zum Vorschein. Zur näheren Erforschung der vorhandenen Wandmalereien wurde eine separate Untersuchung durch einen hierauf spezialisierten Restaurator in Auftrag gegeben. Die Kosten dieser Analyse von SFR 8500,– wurden wiederum zu je 1/3 durch die Eigentümer, die Gemeinde und die Kantonale Denkmalpflege bezahlt. Die Kantonale Denkmalpflege übernahm auch die fachliche Begleitung. Aufgabenstellung der Studie war es, ausreichend viele wichtige Partien freizulegen und deren Bedeutung sowie deren Umfang zu ermitteln. Vor allem im Inneren, aber auch an den früheren Außenmauern, Fensternischen und Balken des ehemaligen Turmes fanden sich zahlreiche Farbreste, wobei teils bis zu sechs verschiedene Fassungen nachgewiesen werden konnten. Am eindrucksvollsten sind hier wohl die sichtbar gehaltenen und vorsichtig restaurierten grauen Eckquadrierungen, die aus dem 15./16. Jahrhundert und von um 1600 stammen. Ferner nahm der Restaurator auch eine Reihe von Proben an Ständern, Fensterrahmen, Fensterläden und Eingangstüre der Südfassade. Wo möglich, empfahl die Untersuchung die größerflächige Freilegung oder alternativ die fachgerechte Sicherung und Abdeckung der betreffenden Farbpartien. Weitere Nachforschungen über die Geschichte des Hauses in der Literatur und in Archiven blieben leider ohne Ergebnis.

Finanzierung und Zuschüsse

Die endgültigen Gesamtkosten der Sanierung beliefen sich auf etwa SFR 1,25 Mio., wobei allerdings die erbrachten umfangreichen Eigenleistungen mit einem Geldwert von SFR 250.000,– einberechnet sind. Neben dem in Anspruch genommenen Baukredit konnte auf Zuschüsse (vor allem der Denkmalpflege sowie der Gemeinde) von insgesamt SFR 190.000,– zurückgegriffen werden.

244 Die freigelegten und sorgsam restaurierten Eckquadermalereien an den Innenwänden des früheren Wohnturms und heutigen Wohnzimmers.

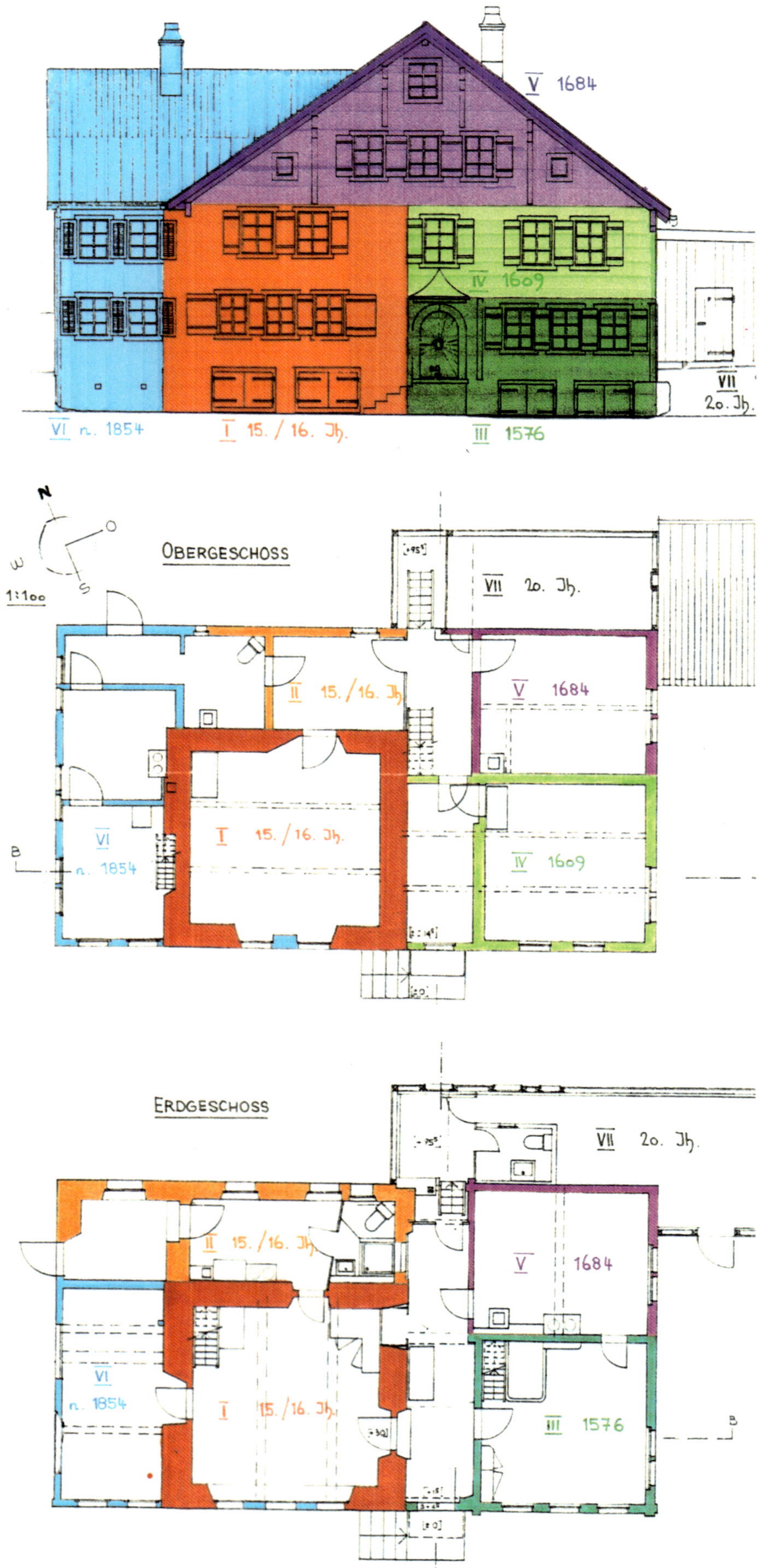

Baugeschichte

I **15./16. Jh.**
turmartiger muraler Kernbau, zwei Vollgeschosse hoch und ganzflächig unterkellert.

II **15./16. Jh.**
bergseits muraler Anbau von Oekonomieräumen und einer Küche.

III **1576 d**
ostseitige Erweiterung um einen zentralen Erschliessungsgang hinter repräsentativer, bemalter Rundbogentür und einem unterkellerten Strickbauteil mit Stube.

IV **1609 d**
Umbauten und Ausmalungen am Kernbau, ostseits Neuaufsetzen (oder Ersetzen) eines Kammergeschosses in bemaltem Sichtfachwerk.

V **1684 d**
zum Ostteil bergseitiger Anbau einer Küche, Aufsetzen des heutigen Satteldaches.

V b **1. H. 19. Jh.**
Erneuerung der Innenausbauten, Ueberputzen der Fassaden, Umbau der beiden Keller in Weblokale [?].

VI **nach 1854**
westseits Anbau eines zweigeschossigen Wohnteiles unter einem Querfirst.

VII **20. Jh.**
bergseits Anbau einer kleinen Stallscheune → 1994 Ersatz durch eine Kunstschmiede-Werkstätte.

245 Die farbgrafische Darstellung der Baugeschichte nach der Analyse von Peter Albertin.

DIE PRAKTISCHE SANIERUNG

Vorbereitung, Trockenlegung und Fundamentarbeiten

246 Die Ostseite des Hauses mit der zuerst erbauten Kunstschmiede.

Vor dem Beginn aller weiteren Maßnahmen stellten die Häberlis alle noch vorhandenen alten Einrichtungsteile und Gegenstände sicher und verwahrten diese, um sie vor Beschädigung während des Baus zu schützen. Der bergseitige, gestalterisch unbedeutende Lagerschuppen wurde abgebrochen. An seiner Stelle entstand die neue Schmiedewerkstatt der Familie Häberli.

Zum Schutz des Hauses vor eindringender Bodenfeuchtigkeit wurden rings um das Haus Dränagen verlegt. Im Kellerbereich des ehemaligen Turms mußten zur Sicherung der Mauern Unterfangungsarbeiten durchgeführt werden.

247 Feuchtes Mauerwerk in den Kellerräumen.

248 Ein neues Betonfundament verstärkt die vorhandenen Grundmauern aus Naturstein.

Dachkonstruktion und Dachdeckung

Die Dachhölzer des älteren Hauptgebäudes waren zur Begeisterung des Zimmermanns alle noch intakt und brauchten nur mit Wasserstoffsuperoxid geputzt zu werden. Kein einziges Teil wurde ausgewechselt oder angestückelt – und dies, obwohl der Dachstuhl in seiner vorliegenden Ausführung von um 1684 stammt! Schon bei der damaligen Dachstuhlerhöhung dürften die noch älteren Sparren großenteils wiederverwendet worden sein. Die Qualität und Haltbarkeit der alten Hölzer zeigte sich schon im Vergleich mit denjenigen des nach 1854 errichteten Querfirstanbaus. In diesem Bereich waren sämtliche Hölzer marode, der Dachstuhl mußte komplett mit neuen Materialien aufgerichtet werden. Für die Unter-Dach-Dämmung kam eingeblasenes Zellulosematerial zum Einsatz. Als Dachplatten wurde eine Einfachdeckung mit roten Biberschwanzziegeln gewählt. Zum Auffangen des Niederschlagswassers dienen Kupferdachrinnen.

Kamine, Heizungssystem und Installationen

Die beiden Schornsteine wurden neu aufgebaut, der Kachelofen überholt. Eine Gaszentralheizung mit Anschluß an das öffentliche Leitungsnetz sorgt für die nötige Wärme.

Die südöstliche Stube im Erdgeschoß, die Küche und die Waschküche auf der Nordseite erhielten eine Fußbodenheizung. Aus Energiespargründen entschied man sich für eine Anlage, welche die Räume nur temperiert. In der kältesten Zeit des Jahres wird zusätzlich mit Holzöfen zugeheizt, die aber einen sehr guten Wirkungsgrad haben. Insbesondere der alte Kachelofen in der Stube benötigt nur etwa alle eineinhalb Tage eine neue Füllung. Auch die nicht sehr hohen Decken (ca. 210 cm) wirken sich hier natürlich positiv aus. Die in der Küche installierten Kamintüren mußten, da nicht mehr funktionstüchtig, neu geschmiedet werden.

Die Sanitär- und Elektroinstallationen wurden wie üblich komplett erneuert. Eine Besonderheit ist in diesem Fall, daß die Lichter zum Teil mittels Lederbändeln eingeschaltet werden, um an besonders sensiblen Stellen Lichtschalter einsparen zu können.

249 Der Dachstuhl des westlichen Querfirsts wird neu aufgerichtet.

Die Wände

Die unterschiedlich aufgebauten Wände wurden in Teilen freigelegt, wo nötig ergänzt und wiederhergestellt. Bei den Sanierungsarbeiten fand man in den Außenwänden auf der Ost- und Südseite alte Türen aus der Zeit der Renaissance. Die heute aus Massivziegelmauerwerk bestehende Brandmauer zwischen Küche und straßenseitiger Stube mußte komplett neu aufgezogen werden. Alle vorgefundenen Fenster- und Türöffnungen wurden in ihren originalen Abmessungen belassen.

An den drei Außenwänden wurden zunächst die alten, maroden Schindeln abgenommen. Im Anschluß brachte man auf die Wände eine Holzlattung auf, auf welche die Dämmschicht aus Isofloc, das Windpapier, die Verbretterung und die neuen Schindeln folgten. Diese sind, was bei einem alten Haus sehr wichtig ist, handgespalten und unbehandelt. Um den Kernbau deutlich von den späteren Teilen des Hauses abzugrenzen, läuft der Schindelschirm in der Breite von zwei Fensterachsen um den westlichen Querbau zur Straßenseite herüber.

Fenster und Türen

Fast alle Fenster konnten belassen werden und wurden lediglich angeschliffen. Nur ein Küchenfenster war nach dem alten Vorbild zu rekonstruieren. Zusätzlich ließen die Häberlis mit den übrigen Fenstern identische Vorfenster bauen, die im Winter zum Einsatz kommen. Die mit 26 mm Breite sehr schmalen Fenstersprossen waren schwierig zu arbeiten und erforderten großes handwerkliches Geschick. Für die Scheiben wurde 1,3 mm starkes Altglas verwendet. Die Holzteile erhielten nach historischem Beispiel außen einen sehr beständigen Ölfarbanstrich, innen strich man mit mineralischer Farbe. Etwas schwierig gestaltete sich die Suche nach Betrieben, die diese Mineralfarbe fachgerecht auftragen konnten und wollten, da ihnen offenbar der Aufwand zu groß erschien. Schließlich fand man aber einen alten Maler, dem die Aufgabe weniger Probleme bereitete.

Alle Türen im Haus sind alte Originale. In zwei Fällen stammen sie von Abbruchhäusern. Die in der Wand der straßenseitigen Biedermeier-Stube entdeckte Renaissance-Türe wurde herausgenommen, vorsichtig gewaschen und

250 Die alte Holzverschindelung wird abgehackt.

251 Fenster an der neuverschindelten Ostfassade nach der Überarbeitung.

252 Alte Türen wurden sorgfältig restauriert, mit Beschlägen aus eigener Produktion und alten Schlössern versehen.

gebleicht, um dann als Küchentüre eine neue Verwendung zu finden. Bei der zweiten Renaissance-Türe aus der Außenwand des bergseitigen Anbaus legte man die Malereien frei und restaurierte diese fachgerecht. Nach der Überarbeitung erhielt die Türe einen neuen Platz am Durchgang zwischen Hausgang und Waschküche.

Die neuen, wunderschön gearbeiteten Fenster- und Türbeschläge fertigte Martin Häberli selbst. Die Türschlösser sind ausnahmslos alt. Sie stammen aus der Sammlung des Meisters, der sie natürlich auch selbst restauriert und überholt hat.

253 und 254 Der Eingangsbereich vor und nach der Sanierung.

Putz und Anstriche

Die zwischenzeitig aufgekommene Idee, die verschiedenen Bauweisen (Naturstein, Fachwerk, Holzriegelbau) auf der straßenseitigen Fassade offen zu zeigen, wurde verworfen. Dies hätte eher zum Eindruck eines baulichen »Gemischtwarenladens« als zu dem einer geschlossenen, ruhigen Gestaltung geführt. Statt dessen brachte man dort wie vor der Sanierung einen einheitlichen Putz auf. Innen wie außen wurde normaler Kalkputz verwendet, dem aber zur Verbesserung der Haftungsfähigkeit ein geringer Anteil Leinöl beigemischt wurde. Um einen pastelligen, natürlichen Farbton zu erhalten, gab man dem Putz noch mineralische »Siena-Pigmente« bei.

Einige Räume im Inneren wurden an Wänden und Decken mit Holz verschalt, so etwa die Kinderzimmer im ersten Obergeschoß. Ferner erhielt auf demselben Stockwerk das im ehemaligen Kern- bzw. Turmbau gelegene Schlafzimmer eine neue, hölzerne Wandvertäfelung. Diese wohl aus dem 16. Jahrhundert stammende Verkleidung konnte aus dem ehemaligen Gerichtssaal eines Abbruchhauses gerettet werden.

Böden, Beläge und Decken

Grundsätzlich waren die Eigentümer bemüht, die intakten Böden zu belassen. Allerdings befanden sich Beläge und Unterbau teils in sehr schlechtem Zustand, einige Holzböden waren völlig verfault. In der Stube hatte zudem der Kachelofen durch sein Gewicht den alten Boden und die Kellermauern eingedrückt, so daß er beinahe schon durchgebrochen wäre. Im Kellerbereich wurden Eichenstützen angebracht, um das Gewicht des Ofens aufzunehmen. Der Boden des Wohnzimmers ist mit Tonplatten ausgelegt. Auch in der Küche wurde der alte Boden entfernt, da die aus einem nahegelegenen Bachbett stammenden Sandsteinplatten nur in Lehm lagen. Nach der Installation der Heizschlangen für die Fußbodenheizung wurde betoniert, die alten Platten verlegte man wieder im Estrich. Die Parkettböden (etwa im Eßzimmer) liegen auf massiven, 10 cm starken Holzbohlen.

Im Obergeschoß mußten die alten, 8 bis 9 cm starken Massivholzböden wegen früheren Hausschwammbefalls und entsprechender Schädigung der Holzstruktur entfernt werden, jedoch ersetzte man diese durch die nun 10 cm starken Holzbohlen, die gleichzeitig die Decke der erdgeschossigen Stube bilden. Das Material hierfür stammt aus einem abgebrochenen Bauernhaus.

Über der Küche, die früher bis zum Dach offen gewesen war, wurde eine Decke aus Gipsplatten eingezogen. Im Schlafraum des ersten Obergeschosses fand eine alte, aus einem Rapperswiler Abbruchhaus stammende Bohlenbalkendecke (wohl des 16. Jahrhunderts) Verwendung.

255 Die alten Sandsteinplatten werden nach der Entfernung des Bodenunterbaus und dem Einbau der Fußbodenheizung im Estrich neu verlegt.

Innenausstattung und Einrichtung

Insgesamt fasziniert an dem Haus die Gesamtheit all seiner Details voll geschichtlicher Ausstrahlung, die man mit großem Mut nicht »zu Tode restauriert«, sondern in ihrem teils rohen, fragmentarischen Zustand belassen hat. Dazu gehört natürlich der erhaltene Teil des Wohnturms mit den alten Quadermalereien. Als Leihgabe des Klosters Neu St. Johann fanden dort auch Schränke aus der Renaissance Verwendung. Beeindruckend in ihrer Wirkung ist ferner die Stube neben der Küche mit den biedermeierlichen Täfelungen und dem grün gekachelten Rokoko-Stufenofen. Der von einer Ofenbaufirma wiederhergerichtete Ofen besitzt noch sämtliche originale Kacheln. Die sich zur Küche öffnenden Ruß- und Einfeuerungstüren waren nicht mehr zu verwenden und wurden gemäß der alten Vorlage neu geschmiedet.

Resümee

Im Gespräch gewinnt man den Eindruck, daß bei allem Aufwand die Begeisterung der Häberlis für jedes kleine erhaltene Detail und dessen Wiederherstellung mit jedem Arbeitsgang und jeder neuen Entdeckung zugenommen hat. Am gelungenen Ergebnis der Sanierung läßt sich deutlich ablesen, wieviel Mühe, aber eben auch Freude in das alte Haus investiert wurden. Hier empfanden die begeisterungsfähigen Eigentümer die Sanierung als eine Art Abenteuerreise in die Vergangenheit. Allerdings hat sich das Abenteuer Sanierung für sie auch gelohnt: Mit der gewonnenen Wohnqualität, den faszinierenden kunstgeschichtlichen Details und dem heutigen, recht großzügigen Raumangebot haben die Häberlis sich, ihren Kindern und Ebnat-Kappel ein wertvolles Stück Kulturgeschichte zurückgegeben.

257 Eine Schmiedearbeit Martin Häberlis vor dem Haus.

256 Der Rokoko-Stufenofen im Eßzimmer.

258 Das Kinderzimmer im Obergeschoß wurde holzverschalt und weiß gestrichen.

Wichtige Adressen

Eigentümer u. Kunstschmiedebetrieb:
Martin und Evelyne Häberli
Ackerhusweg 26
CH - 9642 Ebnat-Kappel

Planer (Eingabeplanung u. Bauleitung):
Roland Luginbühl

Baugeschichtliche Untersuchung:
Peter Albertin
Etzbergstr. 33
CH - 8405 Winterthur

Untersuchung der Malereien:
Fa. Fontana + Fontana
Industriestraße
CH - 8645 Jona-Rapperswil

Schreiner:
Fa. Bühler
Mosnanger Str. 8
CH - 9606 Butschwil

Fensterbauer:
Fa. Vogel & Co.
Gäbrisstr. 12
CH - 9400 Rorschach

Kamin- und Ofenbauer:
Fa. Rutz
Cheminée-Ofenbau
Loretostr. 33
CH - 9620 Lichtensteig

VIII Die Kunst der Natürlichkeit: Ein Bauernhaus aus dem 17. Jahrhundert

DAS OBJEKT

Inmitten des Naturraums Lüneburger Heide liegt etwa 40 km südlich von Hamburg das kleine Dorf Putensen. Eine alte Lindenallee beschirmt die Anfahrt zum Gehöft der Familie Philipp. Bereits der ungeteerte, von großen Laubbäumen gesäumte Einfahrtsweg weist darauf hin, daß die Eigentümer dieses Anwesens nicht nur in, sondern mit der Natur leben. Beim Näherkommen wird schnell klar, daß sich die Neigung zum Natürlichen und Einfachen auch auf das alte Haus bezieht. Während in der Gegend alte Höfe mit Materialien aus dem Baumarkt aufgepeppt und übermodernisiert wurden, wirkt der von Bernadette und Klaus Philipp sorgsam restaurierte Zweiständerbau so, als verharre er bereits seit Jahrhunderten unverändert in seinem heutigen Zustand. Vorbei an weiteren alten Gebäuden kommt der Besucher direkt auf die Giebelseite des Hofes zu, die durch ein großes Tor den Blick auf die Pferdeboxen freigibt. Nach wie vor wohnt man also mit Tieren unter einem Dach, heute – abgesehen von zwei Weimaranerhunden – allerdings ausschließlich mit hochklassigen Rennpferden. Geht man um den Stallteil herum, so gelangt man zur traufseitigen Eingangstüre, die sich wie die übrige Substanz im Inneren und Äußeren an ihrem alten, richtigen Platz befindet.

259 Der niedersächsische Zweiständerbau in seinem heutigen Zustand (Westansicht mit Stalltor).

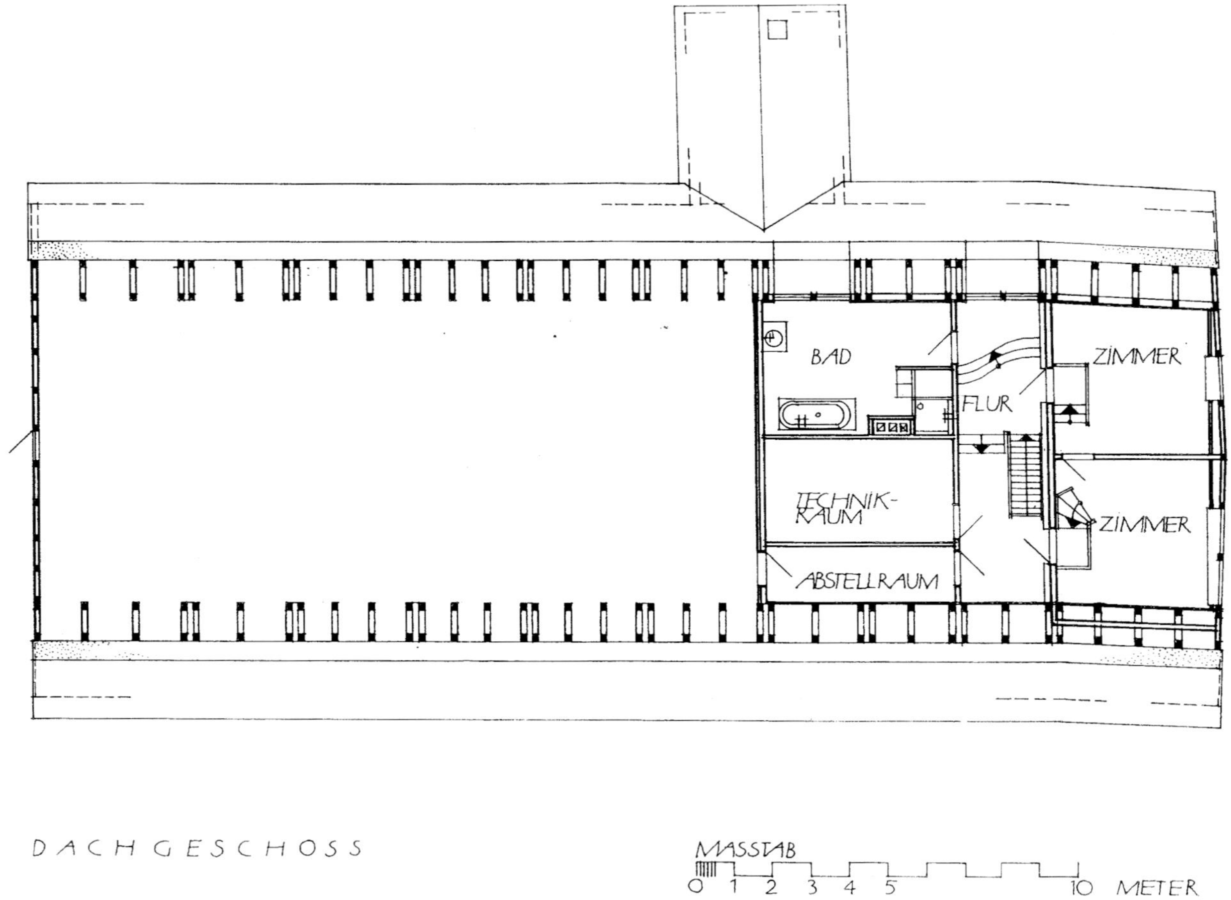

260 und 261 Grundrisse M 1:200

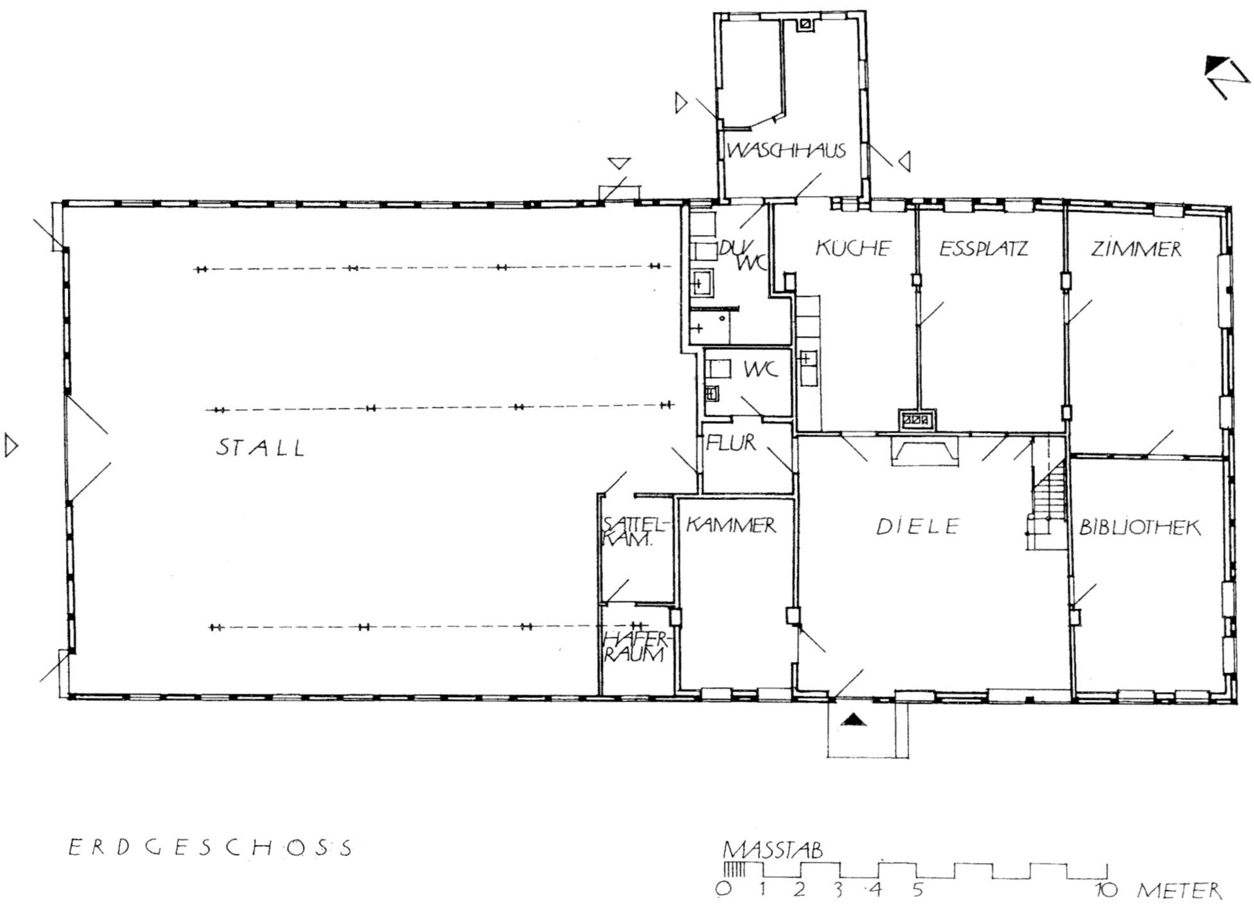

Das um 1600 errichtete Gebäude wurde in seiner langen Geschichte im Vergleich mit anderen Bauernhäusern nur wenig verändert. Vor etwa 150 Jahren erneuerte man den Sockelbereich unterhalb der Fensterschwelle mit Ziegelsteinen. Die größeren Veränderungen erfolgten jedoch seit den 50er Jahren, als im Stallbereich das Giebelfachwerk teilweise durch Backsteinmauerwerk ersetzt und statt der Holzbalken Stahlträger eingezogen wurden. Ferner setzte man um 1950 neue Kunststoffenster ein. Das Dach über den Wirtschaftstrakten deckte man mit Faserzementplatten. Im Inneren war eine Leichtbauwand, unter den Balken eine Gipsplatten-Decke eingezogen worden, Holzteile waren mit Kunststoff- oder Gipsplatten zugedeckt. Ansonsten stellten sich die Außenmauern und der Grundriß des Hauses unverändert dar. Jedoch war das Dach teilweise eingefallen, die Fenster mit Folie zugenagelt, und nur zwei Räume befanden sich in bewohnbarem Zustand.

Nach dem Kauf des Gebäudes Anfang 1991 (Übernahme September 1991) begann die Sanierungsvorbereitung Ende desselben Jahres, die praktischen Arbeiten Mitte 1992. Im Herbst 1993 konnte die Familie ihr »neues altes« Haus beziehen. Es verbleibt noch die Fertigstellung des Dachausbaus einschließlich der Schlafzimmer. Das Haus steht gemeinsam mit den Nebengebäuden als Ensemble unter Denkmalschutz. Der Gebietsbeauftragte des Landesdenkmalamts begleitete die Sanierung.

DIE SANIERUNGSVORBEREITUNG UND -PLANUNG

Die Haussuche

Noch in Baden-Baden wohnend, suchten die Philipps einige Jahre über Zeitungsannoncen und mehrere Immobilienmakler nach dem geeigneten Objekt. Auch Tips von Freunden und Bekannten wurden eingeholt. In diesem Zeitraum besichtigte man eine große Anzahl von Häusern, die aber alle nicht den Anforderungen genügten. Schließlich wurde man von einem im Nachbarort von Putensen tätigen Makler auf das zum Verkauf stehende Anwesen in der Lindenallee aufmerksam gemacht. Schnell einigte man sich mit dem Eigentümer.

Von den Bauuntersuchungen zur Auftragsvergabe

Ende 1991 beauftragte man reisende Zimmerleute, die auf Untersuchungen bei alten Gebäuden spezialisiert waren, mit der Analyse des Dachstuhls und der Holzkonstruktion. Teils wurden Bohrproben genommen, teils genügte die äußerliche Sichtprüfung.

1992 gaben die Philipps eine dendrochronologische Untersuchung in Auftrag, die an fünf Entnahmestellen von Konstruktionshölzern durchgeführt wurde und als Datierung der alten Bauteile die Jahre 1572 bzw. 1620 ergab.

Im selben Jahr führten Restauratoren für das Helms-Museum eine baugeschichtliche Untersuchung durch, bei der Farb- und Bodenproben analysiert wurden. Eine aufgefundene Feuerstelle und Holzständer wiesen eine weit zurückliegende Bebauung an derselben Stelle nach.

262 Nordansicht des Gebäudes mit dem alten Waschhaus und den beiden neuen Fledermausgauben (M 1:200).

Um die Jahreswende 1991/92 beauftragte man die sanierungserfahrenen Architekturbüros Richter, Eggmann und Grasshoff, welche die Zimmerleute empfohlen hatten, mit der Planung. Die Vermessung des Gebäudes wurde in großen Teilen als verformungsgerechtes Aufmaß im Maßstab 1:50 vorgenommen. Die Entwurfs- und Baueingabepläne erstellte man im Maßstab 1:100.

Die Philipps waren sich in ihrer Zielsetzung einig, das Haus soweit irgend möglich in seinem historischen Bestand zu belassen oder, wo falsche Eingriffe vorgenommen worden waren, es in den ursprünglichen Zustand zurückzuversetzen. Dabei sollte hinsichtlich Heizung, Elektroinstallationen, sanitärer Anlagen etc. selbstverständlich moderne Technik zum Einsatz kommen, ohne allerdings mehr als nötig in die Substanz einzugreifen.

Die Ausführungsplanung wurde im Maßstab 1:50 erstellt. Für die Fenster, Fußböden, Decken etc. wurden Details angefertigt.

Wirtschaftlichkeitsberechnung, Finanzierungsplan und genaue Kostenschätzung wurden zusammen mit Architekten und Steuerberater 1992 aufgestellt. Vom niedersächsischen Landesamt für Denkmalpflege wurde ein Zuschuß gewährt. Die Genehmigungs- und Werkplanung schlossen sich an.

Die Handwerkerarbeiten vergab man großenteils nach der persönlichen Fachkenntnis der Betriebe. Zimmermannsarbeiten und Holzuntersuchungen führten die auf die Sanierung spezialisierten reisenden Handwerker durch. Ausgeschrieben wurden nur die Maurerarbeiten sowie die Heizungs-, Sanitär- und Elektroinstallation.

DIE PRAKTISCHE SANIERUNG

Vorarbeiten und Fundamente

Neben der Entfernung alten Gerümpels riß man in erster Linie die unsachgemäßen Verkleidungen aus jüngster Zeit weg, also vor allem Isolationsplatten und eingezogene Zwischenwände mit Gipsplatten. Das teilweise vorhandene Hartdach aus Zementfaserplatten und das völlig verrottete Reet wurden entfernt.

Trockenlegungsarbeiten an den Grundmauern und Wänden waren eigentlich nicht erforderlich. Eine neue Dränageleitung um das Haus und mehrere installierte Sickerschächte sind dafür vorgesehen, das bei sehr starkem, lang anhaltendem Niederschlag vom Reetdach abtropfende Wasser aufzunehmen. Die durchfeuchteten hölzernen Bodenschwellen im Stallbereich wurden durch neue Exemplare ersetzt. Das Fundament besteht großenteils aus alten, ca. 60 cm tief hinunterreichenden Granitblöcken. Sämtliche alten Innenwände sowie der neu wiederhergestellte Stallgiebel erhielten neue Betonfundamente.

Behebung konstruktiver Schäden und Dachdeckung

Zwölf Sparren und drei Deckenbalkenköpfe mußten ersetzt werden. Ansonsten wurde nur eine neue Lattung aufgebracht und auf der gesamten Länge wieder wie früher mit Reetstroh gedeckt (Dachüberstand ca. 60 cm). Für die Wie-

◁ 263 Südseite des sanierten Hofes mit Gartenbereich.

264 Das alte Dach wird abgedeckt und mit Plane geschützt.

265 Der größte Teil der Sparren und übrigen Dachhölzer konnte erhalten werden.

267 **Innenansicht einer Fledermausgaube vor dem Verputzen.**

deraufrichtung des Dachstuhls wurden von den reisenden Zimmerleuten ausschließlich alte Holzverbindungen (Holznägel etc.) verwendet. Besondere Schwierigkeiten bereiteten die Deckenbalken, da die gesamte Dachlast auf deren freitragenden Enden aufliegt. Hiefür wurde in Zusammenarbeit von Statiker, Zimmermann und Bauleitung eine Lösung in reiner Holzkonstruktion gefunden, wodurch die Lasten nach hinten abgetragen werden.

Die beiden Fledermausgauben auf der Ostseite richtete man neu auf. Sie sorgen für eine angenehme und völlig ausreichende Belichtung von Bad und Flur.

Auf das Anbringen von Dachrinnen wurde verzichtet. Das Reetpolster kann längere Zeit Wasser aufnehmen. Bei starkem Niederschlag sorgen Sickerschächte und Dränage für eine Abführung des Wassers.

Kamine und Heizungsanlage

Der vorhandene alte Steilkamin (1 m x 1 m) im Wohnhaus blieb stehen und wurde nur mit zwei neuen Zügen für den alten Herd in der Küche und den Ofen versehen. Anstatt der bei Sanierungsbeginn vorhandenen Ölöfen baute man im Waschhäuschen eine Gasniederdrucktherme ein. Die Wärme wird im ganzen Haus über Heizkörper abgegeben.

266 **Detailansicht nach der Aufbringung des Reetdachs.**

268 **Die Fledermausgaube über dem Waschhaus nach Fertigstellung.**

Maurer- und Lehmarbeiten, Putze und Anstriche

Für die notwendigen Maurerarbeiten verwendete man großenteils alte Ziegelsteine, die aus Abbruchhäusern der Gegend stammten. Die Giebelwand des Stallbereichs mit der »Grootdor« wurde vollständig neu errichtet. Um die Belichtung zu verbessern, kamen an der Giebelfassade im Erdgeschoß eine neue Fensteröffnung, im Obergeschoß die schon erwähnten Gauben über dem Waschhaus hinzu.

Neu aus Backsteinen aufgemauert wurde die erdgeschossige Trennwand zwischen Küche und Bad. An den Stellen, wo in den vergangenen Jahrzehnten Klinker mit Zement verfugt worden waren, nahm man die Steine heraus und mauerte mit Kalkmörtel, bei Lehmwänden mit Lehm neu auf.

269 Die neue Holzkonstruktion des Stallgiebels ist wieder aufgerichtet. △

270 Der Stallgiebel nach der Ausfachung mit Backsteinen.

Außen wurden Holzkonstruktion und Backsteingefache so belassen. Da aber das Mauerwerk nur halbsteindick war, brachte man innen zur Verbesserung der Wärmedämmung eine Dämmschicht aus Lehm, Blähton und Faserstoffen auf, die durch eine Lattung festgehalten wurde. Die Gleitschalung wurde zügig versetzt, um die Austrocknung zu fördern. Über die Lattung wurde Lehmgrobputz mit einem hohen Anteil von Faserstoffen gezogen, wodurch Unebenheiten ausgeglichen werden konnten. Die abschließende Schicht bildete der Lehmfeinputz, der nach dem Aufbringen abgerieben und zu den angrenzenden Bauteilen hin abgerundet wurde. Das ist deshalb sehr wichtig, weil scharfe Kanten abbrechen würden.

Bei den Innenwänden, deren Fachwerkkonstruktion großenteils noch gut erhalten war, wurden einige Gefache restauriert oder ergänzt, beidseitig mit Lehmgrobputzbewurf versehen und einer Schicht Lehmfeinputz angeschlossen.

271 Die Lehm-Blähton-Dämmung wird innen auf die Außenwände aufgebracht.

272 Eine alte Fachwerktrennwand, die neu ausgefacht werden mußte.

273 Die frisch verputzten Gefache. ▷

Aus Gründen des Feuerschutzes brachte man in den Dachschrägen auf beiden Traufseiten vertikale Lehmwickel (Lehmwindeln) ein (Durchmesser 8–10 cm, Breite 12–14 cm, Länge 140 cm). Zur Reetdeckung hin wurden die Wickel mit Lehmgrobputz in einer 3–4 cm starken Schicht stabilisiert. Zum Wohnraum brachte man zweilagigen Lehmgrobputz auf. In der Endlage erfolgte schließlich eine Verdichtung mit Lehmfeinputz, um dann den Putz mit dem Reibebrett zu den angrenzenden Bauteilen hin abzurunden.

Auch die im Erdgeschoß vorhandenen Lehmwickeldecken wurden je nach Befund repariert, restauriert oder ergänzt. In der Diele legte man die alten Eichenbalken frei und reinigte sie. Anschließend legte man als Decke alte, großformatige Eichenbohlen über die Balken.

Bei den Putzarbeiten blieb die Fachwerkkonstruktion großenteils sichtbar und in ihrer originalen Farbgebung erhalten.

274 Eine stellenweise noch feuchte Lehmwickeldecke nach Beendigung der Arbeiten.

Fenster und Türen

Da im Wohnbereich Kunststoffenster oder durch Feuchtigkeitsschäden marode Holzfenster vorhanden waren, wurden überall neue, sich an den alten Exemplaren orientierende Holzkastenfenster mit Einfachverglasung eingebaut. Da die Fenster gemäß dem historischen Vorbild direkt in die Eichengefache eingebaut werden sollten, diese aber keine rechten Winkel mehr aufwiesen, fertigte der Tischler die Fenster auf der Baustelle. So konnten die Maße an Ort und Stelle abgenommen und übertragen werden.

275 und 276 Vor und nach dem Einsetzen der neuen Fenster.

Die alte Eingangstüre auf der Westseite, die im untersten Bereich schadhaft war, wurde an dieser Stelle angestückelt. Nach dem Ablaugen erhielt sie einen neuen, taubenblauen Mineralfarbanstrich. Der Ton wurde selbst gemischt. Das Türbrett mit den Namen der vormaligen Eigentümer und der Jahreszahl 1889 wurde abgeschliffen, vorgestrichen und wieder am alten Platz befestigt. Später soll es durch einen Restaurator seinen endgültigen Anstrich erhalten. Die Außentüren auf der rückwärtigen Seite des Hauses bei Küche und Waschhaus wurden genauso behandelt und gestrichen wie die Eingangstüre. Allerdings besitzen die ostseitigen Türen keine Schlösser und Klinken, sondern werden nur mit einem Haken eingehängt.

An der Giebelseite des Stalls, die ja fast ganz zu rekonstruieren war, setzte man ein neues Holztor ein. Die ebenfalls alle noch vorhandenen Innentüren wurden nur abgelaugt, das Holz unbehandelt belassen.

Sämtliche Fenster- und Türbeschläge suchte man passend zu den noch vorhandenen Exemplaren aus. Sie stammen aus industrieller Fertigung.

277 und 278 **Die Eingangstüre vor und nach der Restaurierung.**

Böden und Innenausstattung

Anstelle des im Erdgeschoß vorgefundenen Bodens (in Sand verlegte Klinker ohne Abdichtung nach unten) brachte man in Diele und Küche auf Abdichtung und Unterbau eine Lehmschicht ein, in der wieder alte Klinker verlegt wurden. In den übrigen Räumen verlegte man Lärchendielen. Das Bad im Obergeschoß erhielt einen Bodenbelag aus weißen Großfliesen, die Wände wurden mit ebenfalls weißen, aber kleinformatigeren Fliesen ausgestattet.

Die Raumgestaltung im Haus korrespondiert sehr schön mit dem einfachen, natürlichen Äußeren. Mit den alten Hölzern, Bodenbelägen und Wänden harmonieren die Einrichtungsgegenstände ausgesprochen gut. Insbesondere achteten die Philipps darauf, die Zimmer sparsam zu möblieren, um so die Räume optimal zur Wirkung kommen zu lassen. Blickfang in der Diele ist der in Oldenburg gefundene Langtisch mit der dazu passenden Bestuhlung. Die Hängeleuchten in der Diele sind alten Vorbildern nachempfunden, wie sie sich früher in großen Hallen, Lokalen etc. fanden.

Das Prinzip des »Weniger ist mehr« spiegelt sich auch in der Küche wider, wo der alte Herd, der wohl vom Anfang des 20. Jahrhunderts stammt, belassen und um eine einfache Küchenzeile aus Vollholz erweitert wurde. Den Eßtisch plazierte man im gut belichteten Bereich bei der Außentüre. Zu alten Hängelampen mit Milchglasschirm und Messinghalterung kamen neue Exemplare (Ikea) hinzu.

279 Die alte Durchgangstüre zwischen nördlichem Eckzimmer und Bibliothek mit weiß gekalktem Deckenbalken.

280 Die Diele mit dem Bodenbelag aus alten Tonklinkern.

281 Geschmackvolle Ausstattung und Bauteile wie die hell gestrichenen Deckenbalken ergeben einen stimmungsvollen Raumeindruck.

282 Blick durch die Küche mit dem alten Herd und dem Eßtisch im Hintergrund.

Garten und Außenanlagen

Das gesamte Anwesen ist von alten Bäumen und weiten Wiesenflächen umgeben. Unweit des Wohnhauses befindet sich ein Springübungsplatz für die Pferde. An der Giebelseite des Wohnteils hat man einen Bauerngartenbereich angelegt. Um die Ecke gedeiht eine Lupinenwiese, der traufseitige Eingang wird von Büschen gesäumt.

Als Wegebelag rund ums Haus verwendete man – ebenso wie für die Fahrwege – Katzenköpfe (d. h. gelesene Feldsteine), die auf stabilem Unterbau in Sand verlegt und gerüttelt wurden. Diese traditionelle, regionaltypische Belagsart war im übrigen Hof- und Einfahrtsbereich bereits vorhanden gewesen.

283 Fast wie gemalt: Lupinen im harmonischen Zusammenwirken mit dem Backsteinmauerwerk.

284 Giebelansicht mit vorgelagertem Bauerngartenbereich.

Resümee

Daß das Einfache und Maßvolle die größte Freude bereitet, wußte schon der griechische Philosoph Epikur. Diese Regel läßt sich an diesem sanierten Zweiständerbau vorbildhaft nachvollziehen.

Weit davon entfernt, mit unpassenden Bauteilen und ehrgeizigen Umbauplanungen den Charakter und die Geschichte des Hauses zu verwischen, gaben die Eigentümer und die Architekten dem Gebäude sowohl durch die Gestaltung des Hauses als auch die Innenausstattung und die Gartenanlage eine gesamtheitliche, einfach-faszinierende Qualität.

Die Einbettung des Anwesens in die weite Naturlandschaft trägt ihr übriges dazu bei, eine intensive und von tiefer Ruhe geprägte Atmosphäre zu schaffen. Dies ist der Lohn dafür, daß man vor Beginn der Sanierung genau über das Wesen des Hauses sowie dessen adäquate bauliche Umsetzung nachgedacht hat.

Wichtige Adressen

Eigentümer:
Bernadette und Klaus Philipp
Lindenallee 9
D - 21376 Putensen

Architekt (Bauleitung):
Max Grasshoff
Mühlenweg 9
D - 21445 Wulfsen

Reetdeckung:
Fa. Albers
Ostende 15
D - 21272 Egestorf

Lehmarbeiten:
Lauenburgische
Lehmwerkstatt
Alte Salzstraße 30
D - 21483 Lütau

Tischlerarbeiten
(Fenster):
Fa. Bendschneider
Süderquerweg 212
D - 21037 Hamburg

Baustoffrecyclingunternehmen:
Fa. Bloecher
Neuer Turmhof 123
D - 32657 Lemgo

Architekt (Planung):
G. Richter/ P. Eggmann
Lobeckstr. 36
D - 10969 Berlin

Statik:
K.-H. Meyer
Erikaweg 4
D - 21614 Buxtehude

Maurerarbeiten:
Fa. Bode
Postfach 1241
D - 21376 Luhmühlen

Metallarbeiten
(Stallfenster):
Kunstgußdiele
Schloß Ricklingen
D - 30826 Garbsen

Tischlerarbeiten
(Türen etc.):
Fa. Eikmeier
Mühlenweg 9
D - 21445 Wulfsen

Schlußbemerkung

Es ist kein Kinderspiel, ein altes Haus zu sanieren, also im Wortsinn wieder »gesund zu machen«. Einfacher geht es, irgendwie zu renovieren, zu erneuern, ohne große Rücksichtnahme auf die Besonderheiten und Geheimnisse eines Gebäudes. Aber wer es sich diesbezüglich schwerer macht, wird – wie die in diesem Buch enthaltenen Beispielobjekte zeigen – besonders lange an seinem Werk Freude haben. Ihm werden gravierende gestalterische Fehlentscheidungen ebenso weitgehend erspart bleiben wie bauphysikalische Probleme durch unsachgemäße Bauteile und Ausführung sowie vor allem böse finanzielle Überraschungen.

Nach der Lektüre dieses Werks sind die Leserinnen und Leser sicherlich noch nicht zu mit allen Wassern gewaschenen Sanierungsexperten geworden, aber sie wissen nun über die Grundlagen der Altbausanierung in allen Planungs- und Bauphasen bestens Bescheid. Sie haben das Rüstzeug, gestalterische, technische und finanzielle Fragestellungen mit Fachleuten zu diskutieren und können nachvollziehen, daß die Sanierung alter Häuser eine Menge Arbeit, aber bei kompetenter Vorbereitung und Ausführung keineswegs unvorhersehbare Belastungen und Probleme mit sich bringt.

Nun sind Sie selbst am Zug und können das erworbene Wissen sowie die zahlreichen Anregungen und Gestaltungsvorschläge in die Praxis umsetzen. Der Autor wünscht allen, die sich - sei es als Eigentümer, sei es beruflich – nun näher auf die Sanierung eines alten Hauses einlassen wollen, gutes Gelingen!

285 So wie auf diesem Bild Bernadette und Klaus Philipp werden hoffentlich bald auch viele Leser das »Abenteuer Sanierung« in Angriff nehmen!

Checkliste für die Sanierungsplanung

(zum Kopieren und Ausfüllen)

Diese Checkliste erleichtert die Vorbereitung der Sanierung. Sie kann als Vorab-Bestandsaufnahme verwendet werden, um sich ganz allgemein über seine persönlichen Anforderungen klar zu werden und ist ebenso von Nutzen, um ein bereits ins Auge gefaßtes Objekt zu überprüfen. Die praktische Sanierung läßt sich damit sowohl hinsichtlich ihrer technischen als auch ihrer finanziellen Gesichtspunkte besser planen und strukturieren.

Die Haussuche

Welcher Raumbedarf liegt vor?

Anzahl qm:

gesamt: .... Wohnen: .... Arbeiten: ....

Anzahl der benötigten Räume	Funktion	Anforderungen (Raumgröße, Lage, Erschließung etc.)

....

....

....

....

....

....

....

....

Welche Ansprüche habe(n) ich/wir hinsichtlich Bautyp, Bauform und Stilepoche?

....

....

....

Welche räumlichen Erweiterungsmöglichkeiten müssen gegeben sein (z. B. Dachausbau)?

Art der Erweiterung	Funktion	Flächenbedarf

....

....

....

....

....

....

Welche Größe und Beschaffenheit hat das zugehörige Grundstück?

Anzahl qm Grundstück: .... Davon qm zusammenhängender Garten: ....

Geländeverhältnisse: Soll das Grundstück eben sein, oder darf es am Hang liegen?

....

Muß auf dem Grundstück Platz für bauliche Erweiterungen sein? .... Falls ja, wieviel qm ca.? ....

In welcher Gegend und in welchem Umfeld soll sich das Haus befinden?

Bevorzuge(n) ich/wir zentrale Stadtlage, den vorstädtischen Bereich oder ländliche Umgebung?

....

Muß sich das Haus in einer bestimmten Region/Stadt befinden? ....

Falls ja, wo?..

Welche Verkehrsanbindung ist erforderlich und ggf. vorhanden? ....

Welche Infrastruktur sollte in unmittelbarer bzw. ereichbarer Entfernung bestehen (z. B. Kindergarten, Schule, Einkaufsmöglichkeiten, Anschluß an das Abwasser- und Energieversorgungsnetz (Gas, Fernwärme)?

....

....

Dürfen in unmittelbarer Nähe lärm- oder umweltbelastende Straßen, Betriebe etc. oder größere Baugebiete vorhanden bzw. vorgesehen sein? ....

Falls ja: Unter welchen Voraussetzungen (z. B. bei einem günstigeren Kaufpreis)?

....

....

Welche Ansprechpartner und Veröffentlichungen sind zu konsultieren (Denkmalbehörden, Verzeichnisse von Sanierungsobjekten etc.)?

....

....

....

....

Die Suche nach dem Architekten und die Finanzkalkulation

Welche guten, sanierungserfahrenen Architekten kenne ich? Wer kann mir bei der Suche weiterhelfen (z. B. Denkmalämter)?

....

....

....

....

....

....

Wenn ein Haus ins Auge gefaßt und der Architekt gefunden ist: In welchem Zustand befindet sich das Gebäude?

Bauschäden	Bauteil	Raum/Stelle

....

....

....

....

....

....

....

Mit welchen Kosten muß ich ungefähr rechnen?

Kosten Erwerb gesamt (inkl. Grundstück und Nebenkosten):

....

Kosten Sanierung: gesamt: .... je qm: ....

ggf. Kosten Ausbau/Erweiterung: gesamt: ....

je qm: ....

Welche Mittel stehen zur Verfügung?

Eigenkapital und ....

Bausparverträge: ....

Staatliche Bauprämien: ....

....

Baukredite: ....

....

Zuschüsse: ....

....

Abschreibungen: ....

....

Weiteres: ....

....

....

Bauaufnahme und Untersuchungen

Welche Vermessungsarbeiten sind durchzuführen (z. B. verformungsgerechtes Aufmaß)? In welchem Umfang soll die Vermessung vorgenommen, in welchen Maßstäben soll sie gezeichnet werden?

....

....

....

....

....

Welche genauen Bauschadensuntersuchungen sind notwendig (Holzproben, statische Gutachten etc.)?

....

....

....

Welche kunst- , bau- und kulturgeschichtlichen Nachforschungen bieten sich an (Raumbuch, Putz- und Farbgutachten, dendrochronologische Untersuchung etc.)?

....

....

....

....

Diskussion und Formulierung von Zielvorgaben

Wie möchten wir mit den denkmalpflegerisch wichtigen Bauteilen umgehen? Welche können bewahrt bzw. restauriert werden?

....

....

....

Welche Teile müssen wegen irreparabler Schädigungen ersetzt werden?

....

....

....

Welche Wohnansprüche machen eine Anpassung des Bestands erforderlich (z. B. Dachausbau), welches zusätzliche Raumprogramm muß untergebracht werden?

....

....

....

Planung und Konzeption

Welche Pläne und anderen Unterlagen müssen gefertigt werden?

Planung Zeitpunkt Abzustimmen mit:

(nähere Ausführungen)

Vorentwurf:

....

....

Gesamtsanierungskonzept:

....

....

....

....

....

Entwurf:

....

....

Kostenschätzung:

....

....

Finanzierungsplan:

....

....

Genehmigungsplanung:

....

....

Werkplanung:

....

....

Weiteres:

....

....

Ausschreibung und Vergabe der Arbeiten, Eigenleistung

Welche Arbeiten sollen ausgeschrieben werden?

....

....

....

....

....

Welche Arbeiten möchte(n) ich/wir frei vergeben?

Arbeit ggf. Name des Betriebs

....

....

....

....

....

Was können wir selber machen/wo können wir durch Eigenleistung Kosten sparen?

....

....

....

....

....

....

Literaturverzeichnis

Die aufgeführten Werke sind eine Auswahl der verwendeten und zum Thema relevanten Schriften. Allgemein werden interessante Publikationen etwa von vielen Denkmalbehörden, Geschichtsvereinigungen und Ministerien (vgl. z. B. die Reihe Informationsdienste Städtebaulicher Denkmalschutz des deutschen Bundesbauministeriums) herausgegeben.

Bayerisches Landesamt für Denkmalpflege (Hrsg.), *Denkmalpflege Informationen Ausgabe B Nr. 76,* München 1985

Denkmalpflege und Archäologie im Kanton Luzern, Luzern 1996

Erfahrungen beim Häuserflicken und wie man sie umsetzt, Augsburg o. J. (Broschüre, nicht über den Buchhandel zu beziehen)

Gebhard, Torsten, *Alte Bauernhäuser*, 3. Aufl., München 1983

Hatz, Pierre, *Zwischen Konservierung und Verschönerung, Renovation in Ebnat-Kappel,* in: *Jahresberichte der Kantonalen Denkmalpflege,* St. Gallen

Huse, Norbert (Hrsg.), *Denkmalpflege. Deutsche Texte aus drei Jahrhunderten,* München 1996

Jahresberichte 1994 des Archäologischen Dienstes Graubünden und der Kantonalen Denkmalpflege Graubünden, Chur 1995

Kastner, Richard H., *Gebäudesanierung, Analyse – Planung – Durchführung,* München 1983

Kiesow, Gottfried, *Einführung in die Denkmalpflege*, 3. Aufl., Darmstadt 1995

Kleeberg, Rudolf, *Die Kulturförderung mittels der §§ 7i, 10f, 10g, 11b EStG,* in: *Finanz-Rundschau 79,* 1997, Nr. 5

Pfaud, Robert, *Das Bürgerhaus in Augsburg,* Tübingen 1976

Schmid, Wolf, *Bauarbeiten in Baudenkmälern,* München 1993

Ders., *Das Raumbuch als Instrument denkmalpflegerischer Bestandsaufnahme und Sanierungsplanung*, München 1989

Thomas, Roland, *Ein altes Haus wird renoviert, Schritt für Schritt vom Keller bis zum Dach*, München 1992

Wiener Bodenbereitstellungs- und Stadterneuerungsfonds (Hrsg.), *Handbuch für ökologische Wohnhaussanierung,* 2. Aufl., Wien 1995

20 Jahre Altstadtsanierung und Denkmalpflege in Karlstadt. Bilanz – Analyse – Perspektive, Karlstadt o. J.

Abbildungsnachweis

Abbildungen 1, 4, 5, 6, 7, 8, 9, 10, 11, 12, 13, 14, 15, 19, 20, 21, 22, 23, 29, 33, 34, 37, 38, 40, 41, 42, 43, 44, 45, 46, 47, 48, 49, 50, 51, 52, 53, 57, 60, 61, 62, 63, 66, 67, 68, 69, 70, 71, 81, 83, 85, 88, 90, 91, 92, 93, 94, 95, 96, 118, 119, 120, 122, 123, 124, 125, 137, 144, 145, 147, 148, 149, 150, 151, 153, 154, 155, 156, 157, 151, 153, 154, 155, 156, 157, 159, 160, 164, 173, 178, 183, 185, 187, 188, 189, 190, 191, 192, 193, 194, 196, 197, 198, 215, 216, 217, 218, 219, 230, 232, 233, 235, 237, 239, 246, 251, 256, 258, 259, 263, 266, 268, 270, 276, 278, 279, 280, 281, 282, 283, 284: Thomas Drexel.
Abbildungen 2, 3, 25, 158, 165, 166, 167, 168, 169, 170, 171, 172, 174, 175, 176, 177, 179, 180, 181, 182, 184, 186: Arno Bayer, Erbenschwang.
Abbildungen 16, 28, 54, 55, 56: Thomas Ehrig, Augsburg.
Abbildungen 17, 18: Denkmalpflege und Archäologie im Kanton Luzern, S. 138.
Abbildungen 24, 26, 27, 32: Wolf Schmid, Das Raumbuch, S. 17; S. 76 f., S. 106.
Abbildungen 30, 128: Robert Pfaud, Das Bürgerhaus in Augsburg.
Abbildung 31: Leopold Kaufmann, Dornbirn.
Abbildungen 35, 39, 222, 223, 224, 225, 226, 227, 228, 229, 231, 234, 236, 238: Susanne und German Heindl, Deuringen
Abbildung 36: Ekkehart Hähnel, Müncheberg.
Abbildungen 58, 59, 65: Familie Hofer, Zillis - Reischen.
Abbildung 64: Österreichisches Bundesdenkmalamt, Landeskonservatorat für Vorarlberg, Bregenz.
Abbildungen 75, 76, 77, 78, 79, 80, 82, 84, 86, 87, 89: Silvia und Franz Ostermann, Augsburg.
Abbildungen 99, 100, 101, 102, 103, 104, 105, 106, 107, 108, 109, 110, 111, 112, 113, 114, 115, 116, 117, 121: Niklaus Lohri, Almens.
Abbildungen 129, 130, 131, 132, 133, 134, 135, 136, 138, 139, 140, 141, 142, 143, 146, 152: Klaus Gerstmayer, Augsburg.
Abbildungen 199, 200, 201, 202, 203, 204, 205, 206, 207, 208, 209, 210, 211, 212, 213, 214: Wolf-Dieter Borchert, Berlin.
Abbildungen 242, 243, 244, 247, 248, 249, 250, 252, 253, 254, 255, 257: Evelyne und Martin Häberli, Ebnat-Kappel.
Abbildung 245: Peter Albertin, Baugeschichtliche Untersuchung/Bauetappenplan, 1995, aus: Pierre Hatz, Zwischen Konservierung und Verschönerung.
Abbildung 262: Architekten Richter/Eggmann, Berlin.
Abbildungen 264, 265, 269, 272, 277, 285: Bernadette und Klaus Philipp, Putensen.
Abbildungen 267, 271, 273, 274, 275: Lauenburgische Lehmwerkstatt/ Renata Wendt, Lütau.

Die Grundrißzeichnungen der acht Beispielobjekte wurden nach den Vorlagen der Planer von Architekt Wilhelm Drexel gefertigt.

Register